Caro aluno, seja bem-vindo à sua plataforma do conhecimento!

A partir de agora, você tem à sua disposição uma plataforma que reúne, em um só lugar, recursos educacionais digitais que complementam os livros impressos e são desenvolvidos especialmente para auxiliar você em seus estudos. Veja como é fácil e rápido acessar os recursos deste projeto.

1 Faça a ativação dos códigos dos seus livros.

Se você NÃO tiver cadastro na plataforma:
- Para acessar os recursos digitais, você precisa estar cadastrado na plataforma educamos.sm. Em seu computador, acesse o endereço <br.educamos.sm>.
- No canto superior direito, clique em "**Primeiro acesso? Clique aqui**". Para iniciar o cadastro, insira o código indicado abaixo.
- Depois de incluir todos os códigos, clique em "**Registrar-se**" e, em seguida, preencha o formulário para concluir esta etapa.

Se você JÁ fez cadastro na plataforma:
- Em seu computador, acesse a plataforma e faça o *login* no canto superior direito.
- Em seguida, você visualizará os livros que já estão ativados em seu perfil. Clique no botão "**Adicionar livro**" e insira o código abaixo.

Este é o seu código de ativação! → **DCBMN-LNVBR-A8A3P**

2 Acesse os recursos.

Usando um computador

Acesse o endereço <br.educamos.sm> e faça o *login* no canto superior direito. Nessa página, você visualizará todos os seus livros cadastrados. Para acessar o livro desejado, basta clicar na sua capa.

Usando um dispositivo móvel

Instale o aplicativo **educamos.sm**, que está disponível gratuitamente na loja de aplicativos do dispositivo. Utilize o mesmo *login* e a mesma senha da plataforma para acessar o aplicativo.

Importante! Não se esqueça de sempre cadastrar seus livros da SM em seu perfil. Assim, você garante a visualização dos seus conteúdos, seja no computador, seja no dispositivo móvel. Em caso de dúvida, entre em contato com nosso canal de atendimento pelo **telefone 0800 72 54876** ou pelo *e-mail* **atendimento@grupo-sm.com**.

VAMOS APRENDER 1

CIÊNCIAS

ANOS INICIAIS DO ENSINO FUNDAMENTAL

Vanessa Michelan

Bacharela e licenciada em Ciências Biológicas pela Universidade Estadual de Londrina (UEL-PR).
Mestra em Genética e Biologia Molecular pela UEL-PR.
Especialista em Ensino de Ciências Biológicas pela UEL-PR.
Autora de livros didáticos para o Ensino Fundamental.
Professora da rede pública de Ensino Fundamental e Ensino Médio no estado do Paraná.
Realiza trabalhos de assessoria pedagógica no desenvolvimento
de materiais didáticos para o Ensino Fundamental.

São Paulo, 2ª edição, 2020

Vamos aprender Ciências 1
© SM Educação
Todos os direitos reservados

Direção editorial: M. Esther Nejm
Gerência editorial: Cláudia Carvalho Neves
Gerência de *design* e produção: André Monteiro
Coordenação de *design*: Gilciane Munhoz
Coordenação de arte: Melissa Steiner Rocha Antunes
Coordenação de iconografia: Josiane Laurentino
Assistência administrativa editorial: Fernanda Fortunato

Produção editorial: Scriba Soluções Editoriais
Supervisão de produção: Priscilla Cornelsen Rosa
Edição: Kelly Cristina dos Santos, Ana Carolina Ferraro
Preparação de texto: Gislaine Maria da Silva
Revisão: Mariana Góis, Salvine Maciel
Edição de arte: Mary Vioto, Barbara Sarzi, Janaina Oliveira
Pesquisa iconográfica: André Silva Rodrigues
Projeto gráfico: Marcela Pialarissi, Rogério C. Rocha

Capa: Gilciane Munhoz
Ilustração de capa: Brenda Bossato
Pré-impressão: Américo Jesus
Fabricação: Alexander Maeda
Impressão: Reproset

Dados Internacionais de Catalogação na Publicação (CIP)
(Câmara Brasileira do Livro, SP, Brasil)

Michelan, Vanessa
  Vamos aprender ciências, 1º ano : ensino fundamental, anos iniciais / Vanessa Michelan. –
2. ed. – São Paulo : Edições SM, 2020.

  Suplementado pelo manual do professor.
  Bibliografia.
  ISBN 978-85-418-2751-5 (aluno)
  ISBN 978-85-418-2752-2 (professor)

  1. Ciências (Ensino fundamental) I. Título.

20-35745   CDD-372.35

Índices para catálogo sistemático:

1. Ciências : Ensino fundamental 372.35

  Cibele Maria Dias - Bibliotecária - CRB-8/9427

2ª edição, 2020

1ª impressão, setembro 2023

SM Educação
Rua Tenente Lycurgo Lopes da Cruz, 55
Água Branca   05036-120   São Paulo   SP   Brasil
Tel. 11 2111-7400
atendimento@grupo-sm.com
www.grupo-sm.com/br

CARO ALUNO, CARA ALUNA,

VOCÊ COMEÇOU A APRENDER E A FAZER DESCOBERTAS ANTES MESMO DE ENTRAR NA ESCOLA. ESTE LIVRO FOI CRIADO PARA DEMONSTRAR O QUANTO VOCÊ JÁ SABE E O QUANTO AINDA PODE APRENDER. ELE TAMBÉM VAI AJUDAR VOCÊ A CONHECER MAIS SOBRE SI E A ENTENDER MELHOR O MUNDO EM QUE VIVEMOS.

VAMOS CONHECÊ-LO!

ABERTURA

NO INÍCIO DE CADA UNIDADE, VOCÊ VAI ENCONTRAR UMA IMAGEM E O **PONTO DE PARTIDA** COM QUESTÕES PARA QUE CONVERSE COM OS COLEGAS SOBRE O ASSUNTO.

PARA FAZER JUNTOS!

OPORTUNIDADE PARA QUE VOCÊ E OS COLEGAS TRABALHEM JUNTOS EM ALGUMA ATIVIDADE.

PRATIQUE E APRENDA

PARA COLOCAR EM PRÁTICA O QUE APRENDEU POR MEIO DE ATIVIDADES.

POR DENTRO DO TEMA

VOCÊ E OS COLEGAS PODERÃO REFLETIR E CONVERSAR SOBRE TEMAS IMPORTANTES PARA NOSSA SOCIEDADE, COMO SAÚDE, MEIO AMBIENTE E DIREITOS HUMANOS.

DIVIRTA-SE E APRENDA

AQUI VOCÊ ENCONTRARÁ BRINCADEIRAS, ATIVIDADES E JOGOS RELACIONADOS AOS CONTEÚDOS DA UNIDADE.

DICA

VEJA DICAS SOBRE ALGUNS CONTEÚDOS OU ATIVIDADES.

INVESTIGUE E APRENDA

VOCÊ VAI PARTICIPAR DE ATIVIDADES PRÁTICAS INVESTIGATIVAS RELACIONADAS AOS TEMAS ESTUDADOS NA UNIDADE.

QUE CURIOSO!

INFORMAÇÕES CURIOSAS RELACIONADAS AO CONTEÚDO ESTUDADO VOCÊ ENCONTRA AQUI.

VOCABULÁRIO

PARA AJUDAR VOCÊ A COMPREENDER OS TEXTOS, ALGUMAS PALAVRAS APARECEM DESTACADAS E O SIGNIFICADO DELAS É APRESENTADO NA PÁGINA.

APRENDA MAIS!

VEJA SUGESTÕES DE LIVROS, FILMES, *SITES*, VÍDEOS E MÚSICAS.

BOXE COMPLEMENTAR

VOCÊ VAI CONHECER UM POUCO MAIS SOBRE OS ASSUNTOS ESTUDADOS NA UNIDADE.

GLOSSÁRIO

PRESENTE NO FINAL DO LIVRO, TRAZ O SIGNIFICADO E INFORMAÇÕES COMPLEMENTARES DE ALGUNS TERMOS PARA AJUDAR VOCÊ A COMPREENDER O QUE ESTÁ SENDO ESTUDADO.

PONTO DE CHEGADA

VAI AJUDAR VOCÊ A REVISAR OS CONTEÚDOS ESTUDADOS NA UNIDADE.

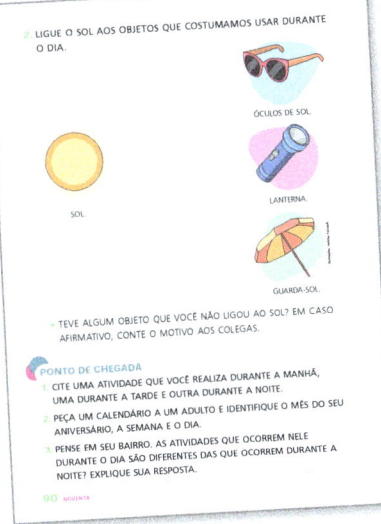

VAMOS...

AQUI VOCÊ VAI VER DICAS, COMENTÁRIOS E REFLEXÕES QUE CONTRIBUEM PARA O SEU DESENVOLVIMENTO E SUA RELAÇÃO COM OS OUTROS E COM O MUNDO. VEJA ALGUNS EXEMPLOS.

CONHEÇA OS ÍCONES

 RESPONDA À ATIVIDADE ORALMENTE.

 ESCREVA A RESPOSTA NO CADERNO.

ENCONTRE O SIGNIFICADO E MAIS INFORMAÇÕES SOBRE O TERMO EM DESTAQUE NO GLOSSÁRIO.

QUADRO MEDIDA: QUADRO QUE APRESENTA AS MEDIDAS APROXIMADAS DE SERES VIVOS ADULTOS E DE ASTROS DO UNIVERSO.

SUMÁRIO

UNIDADE 1 — MEU CORPO 8

- EU SOU ASSIM 9
- EU E MEUS COLEGAS 10
  - POR DENTRO DO TEMA
    - DIREITOS PARA TODOS! 11
  - PRATIQUE E APRENDA 12
- NEM SEMPRE FUI ASSIM 14
  - PRATIQUE E APRENDA 15
  - PARA FAZER JUNTOS! 17
- AS PARTES DO MEU CORPO 18
  - PRATIQUE E APRENDA 20

UNIDADE 2 — CUIDANDO DO MEU CORPO 23

- EU BRINCO COM MEUS COLEGAS 24
  - PRATIQUE E APRENDA 26
- A HIGIENE DO CORPO 28
  - INVESTIGUE E APRENDA 32
  - PRATIQUE E APRENDA 34

UNIDADE 3 — EU ME ALIMENTO 36

- POR QUE NOS ALIMENTAMOS? 37
- ALIMENTAR-SE BEM 39
  - PRATIQUE E APRENDA 42
  - DIVIRTA-SE E APRENDA 43
- CUIDADOS AO NOS ALIMENTARMOS 44
  - POR DENTRO DO TEMA
    - EMBALAGENS A VÁCUO 46
  - PRATIQUE E APRENDA 47

UNIDADE 4 — O AMBIENTE AO NOSSO REDOR ... 49

- OS SERES VIVOS 50
  - PRATIQUE E APRENDA 52
- OS COMPONENTES NÃO VIVOS 54
  - PARA FAZER JUNTOS! 54
  - PRATIQUE E APRENDA 56
- CONSERVANDO O AMBIENTE 57
  - PARA FAZER JUNTOS! 57
  - PRATIQUE E APRENDA 58

UNIDADE 5 — OS ANIMAIS 59

DIFERENTES ANIMAIS 60
- POR DENTRO DO TEMA
  - MÉDICO VETERINÁRIO 62
- PRATIQUE E APRENDA 63

OS SONS DOS ANIMAIS 64
- PRATIQUE E APRENDA 66

UNIDADE 6 — AS PLANTAS 67

DIFERENTES PLANTAS 68
- PRATIQUE E APRENDA 70

PARTES DAS PLANTAS 71
- PRATIQUE E APRENDA 72

UNIDADE 7 — O DIA E A NOITE 74

O CÉU DURANTE O DIA E DURANTE A NOITE 75
- PRATIQUE E APRENDA 77

O SOL E O PERÍODO DO DIA 79

O TEMPO PASSA 81
- PRATIQUE E APRENDA 83

O DIA, A NOITE E AS ATIVIDADES COTIDIANAS 85
- POR DENTRO DO TEMA
  - REDUZINDO O DESPERDÍCIO DE ENERGIA ELÉTRICA 88
- PRATIQUE E APRENDA 89

UNIDADE 8 — OBJETOS E MATERIAIS 91

OS OBJETOS QUE UTILIZO 92
- PRATIQUE E APRENDA 94

DO QUE OS OBJETOS SÃO FEITOS? 96
- POR DENTRO DO TEMA
  - PROTEGENDO O CORPO 99

ORIGEM DOS MATERIAIS 100
- DIVIRTA-SE E APRENDA 100

CUIDANDO DO AMBIENTE 101
- POR DENTRO DO TEMA
  - COMPRAR PARA QUÊ? 103
- INVESTIGUE E APRENDA 104
- PRATIQUE E APRENDA 106

GLOSSÁRIO 109
BIBLIOGRAFIA 112

UNIDADE 1 — MEU CORPO

BRENA (CAMISA 5), JOGADORA BRASILEIRA, RECEBENDO A BOLA DURANTE UMA PARTIDA DE FUTEBOL EM PAPUA, NOVA GUINÉ, EM 2016.

PONTO DE PARTIDA

1. COM QUAL PARTE DO CORPO A JOGADORA BRENA ESTÁ IMPULSIONANDO A BOLA?

2. DE ACORDO COM AS REGRAS DO FUTEBOL, CITE DUAS PARTES DO CORPO QUE A JOGADORA PODE UTILIZAR PARA IMPULSIONAR A BOLA.

3. JUNTE-SE A UM COLEGA E CITEM TRÊS PARTES DO CORPO DE VOCÊS.

EU SOU ASSIM

OBSERVE O DESENHO QUE JAMILE FEZ. NESSE DESENHO, ELA REPRESENTOU ALGUMAS DE SUAS CARACTERÍSTICAS FÍSICAS, COMO CABELOS COMPRIDOS, CASTANHOS E ENCARACOLADOS E OLHOS CASTANHOS.

TODA VEZ QUE ENCONTRAR ESTE ÍCONE, PROCURE O TERMO EM DESTAQUE NO **GLOSSÁRIO**, QUE SE INICIA NA PÁGINA **109**.

ESSE É O MEU CORPO! COMO É O SEU CORPO?

DESENHO FEITO POR JAMILE.

EU E MEUS COLEGAS

ALÉM DAS CARACTERÍSTICAS FÍSICAS, EXISTEM OUTRAS QUE TAMBÉM FAZEM PARTE DA IDENTIDADE DE CADA PESSOA. VEJA A SEGUIR ALGUNS EXEMPLOS.

REPRESENTAÇÃO SEM PROPORÇÃO DE TAMANHO.

VAMOS RESPEITAR
ESCUTAR A OPINIÃO DOS COLEGAS E RESPEITAR O JEITO DE SER DE CADA UM NOS AJUDA A DESENVOLVER A EMPATIA.

LUCIANA É MUITO CURIOSA.

GUSTAVO GOSTA MUITO DE FALAR.

VANESSA COSTUMA SER QUIETA.

LETÍCIA GOSTA DE FAZER NOVAS AMIZADES.

ALUNOS VISITANDO UM MUSEU.

CADA PESSOA TEM SEU JEITO DE SER, QUE DEVE SER RESPEITADO.

POR DENTRO DO TEMA

DIREITOS DA CRIANÇA E DO ADOLESCENTE

DIREITOS PARA TODOS!

VOCÊ SABIA QUE TODA CRIANÇA E TODO ADOLESCENTE TÊM DIREITO A UMA VIDA SAUDÁVEL, DIGNA E FELIZ? NO BRASIL, ESSES DIREITOS SÃO DEFENDIDOS POR LEIS. VAMOS CONHECER ALGUNS DELES!

REPRESENTAÇÃO SEM PROPORÇÃO DE TAMANHO. CORES-FANTASIA.

SAÚDE.
EDUCAÇÃO.
CULTURA.
CONVÍVIO FAMILIAR E SOCIAL.
ALIMENTAÇÃO ADEQUADA.
LAZER.

VISTA DE PARTE DE UM BAIRRO.

O QUE ACONTECE QUANDO ESSES DIREITOS NÃO SÃO RESPEITADOS?

PRATIQUE E APRENDA

1. LEIA COM O PROFESSOR O TRECHO DE MÚSICA A SEGUIR.

QUE DIFERENÇA TEM?

QUE DIFERENÇA TÊM O MEU CABELO E O SEU?
QUE DIFERENÇA TÊM SEU TOM DE PELE E O MEU?
NA VERDADE TUDO É DIFERENTE — E É NORMAL —,
NUNCA UM SER HUMANO VAI ACHAR OUTRO IGUAL.
DIFERENÇAS SÃO RIQUEZAS E VALEM MAIS.
NÃO HÁ POR QUE QUERER QUE SÓ EXISTAM OS IGUAIS.
A CIÊNCIA JÁ MOSTROU QUE ESTÁ NA DIVERSIDADE
A CHAVE DA SOBREVIVÊNCIA DA HUMANIDADE.
QUE BOM QUE VOCÊ É DIFERENTE DE MIM!
EM NENHUM LUGAR VOU ENCONTRAR OUTRO ASSIM.
E É MUITO LEGAL SABER QUE SOMOS, NO FINAL,
SEMELHANTES E DIFERENTES, COMO AÇÚCAR E SAL.
[...]

QUE DIFERENÇA TEM? PROJETOS EM CANÇÃO, DE ANDRÉ DE SOUZA. EM: *PEDAGOGIA DE PROJETOS INTERDISCIPLINARES*, DE TÂNIA DIAS QUEIROZ, MÁRCIA M. VILLANACCI BRAGA E ELAINE PENHA LEICK. SÃO PAULO: RIDEEL, 2001. P. 416.

A. CONVERSE COM UM COLEGA SOBRE O QUE VOCÊ ENTENDEU AO LER O SEGUINTE TRECHO DA MÚSICA:

> E É MUITO LEGAL SABER QUE SOMOS, NO FINAL, SEMELHANTES E DIFERENTES, COMO AÇÚCAR E SAL.

B. MARQUE UM **X** NA OPÇÃO QUE APRESENTA O ASSUNTO TRATADO NO TEXTO DA PÁGINA ANTERIOR.

☐ TODAS AS PESSOAS TÊM O MESMO TIPO DE CABELO.

☐ AS PESSOAS TÊM SEMELHANÇAS E DIFERENÇAS.

☐ DEVEMOS RESPEITAR AS DIFERENÇAS ENTRE AS PESSOAS.

C. EM GRUPO, COLETEM EM REVISTAS IMAGENS DE DIFERENTES PESSOAS. DEPOIS, COLEM ESSAS IMAGENS EM UMA CARTOLINA, MONTANDO UM CARTAZ RELACIONADO À MÚSICA.

2. OBSERVE A SITUAÇÃO ABAIXO.

ALINE TENTANDO ATRAVESSAR UMA RUA.

REPRESENTAÇÃO SEM PROPORÇÃO DE TAMANHO. CORES-FANTASIA.

VAMOS AGIR
CADA PESSOA DEVE CONTRIBUIR PARA QUE OS DIREITOS DE TODOS OS CIDADÃOS SEJAM CUMPRIDOS.

A. IR E VIR É UM DIREITO DE TODOS. SE ALINE QUISESSE CHEGAR AO ESTABELECIMENTO DO OUTRO LADO DA RUA E ENTRAR NELE, ESSE DIREITO ESTARIA SENDO RESPEITADO? POR QUÊ?

B. O QUE PODERIA SER FEITO NOS LOCAIS **A** E **B** PARA ALINE CONSEGUIR CHEGAR ATÉ O ESTABELECIMENTO E ENTRAR NELE.

NEM SEMPRE FUI ASSIM

NOSSO JEITO DE SER, NOSSOS HÁBITOS E ALGUMAS CARACTERÍSTICAS DO NOSSO CORPO MUDAM COM O PASSAR DO TEMPO.

VEJA ALGUMAS MUDANÇAS QUE OCORRERAM COM JOAQUIM AO LONGO DO TEMPO.

A — JOAQUIM

B — JOAQUIM

1. EM QUAL FOTO JOAQUIM TEM:

 8 MESES DE IDADE?  8 ANOS DE IDADE?

2. EM QUAL FOTO JOAQUIM ESTÁ:

 SE ALIMENTANDO SOZINHO? 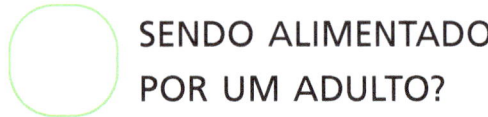 SENDO ALIMENTADO POR UM ADULTO?

3. POR QUE EM UMA DAS FOTOS JOAQUIM É ALIMENTADO POR UM ADULTO?

COM O PASSAR DO TEMPO, APRENDEMOS A REALIZAR ALGUMAS ATIVIDADES QUE ANTES SÓ REALIZÁVAMOS COM A AJUDA DE UM ADULTO.

O SEU CORPO ESTÁ SE DESENVOLVENDO E PASSARÁ POR MUITAS MUDANÇAS AO LONGO DA VIDA.

PRATIQUE E APRENDA

1. DESTAQUE OS **ADESIVOS** DA PÁGINA **121** E COLE-OS NOS ESPAÇOS ABAIXO DE ACORDO COM A IDADE DE PEDRO, DA MENOR PARA A MAIOR.

1 ANO	5 ANOS	15 ANOS

30 ANOS	65 ANOS

- AGORA, CIRCULE A IMAGEM EM QUE A IDADE DE PEDRO MAIS SE APROXIMA DA IDADE QUE VOCÊ TEM HOJE.

2. CIRCULE OS OBJETOS QUE GERALMENTE SÃO UTILIZADOS PELOS BEBÊS E DEIXAM DE SER UTILIZADOS PELOS ADULTOS.

IMAGENS SEM PROPORÇÃO ENTRE SI.

PARA FAZER JUNTOS!

DOAÇÃO DE ROUPAS

QUE TAL DOAR PARA OUTRAS CRIANÇAS ALGUMAS PEÇAS DE ROUPA QUE VOCÊ UTILIZAVA QUANDO ERA MAIS NOVO E QUE NÃO SERVEM MAIS EM VOCÊ, MAS AINDA ESTÃO EM BOM ESTADO? VERIFIQUE COM SEUS PAIS OU RESPONSÁVEIS SE EXISTE ESSA POSSIBILIDADE.

RECEBER ROUPAS DOADAS É MUITO BOM! SE VOCÊ PRECISAR, COMUNIQUE A ESCOLA PARA QUE VOCÊ TAMBÉM AS RECEBA.

ROUPAS INFANTIS.

VAMOS COLABORAR

DOAR ROUPAS E OBJETOS QUE CONTRIBUEM PARA O BEM-ESTAR DO PRÓXIMO É AGIR PENSANDO COLETIVAMENTE.

APRENDA MAIS!

O LIVRO *TUDO BEM SER DIFERENTE* MOSTRA QUE SOMOS DIFERENTES UNS DOS OUTROS E QUE ESSAS DIFERENÇAS DEVEM SER VALORIZADAS E RESPEITADAS. NELE VOCÊ ENCONTRARÁ ILUSTRAÇÕES DIVERTIDAS QUE REPRESENTAM ESSAS DIFERENÇAS.

TUDO BEM SER DIFERENTE, DE TODD PARR. SÃO PAULO: PANDA BOOKS, 2002.

AS PARTES DO MEU CORPO

O CORPO HUMANO PODE SER DIVIDIDO EM TRÊS REGIÕES PRINCIPAIS: **CABEÇA**, **TRONCO** E **MEMBROS** SUPERIORES E INFERIORES.

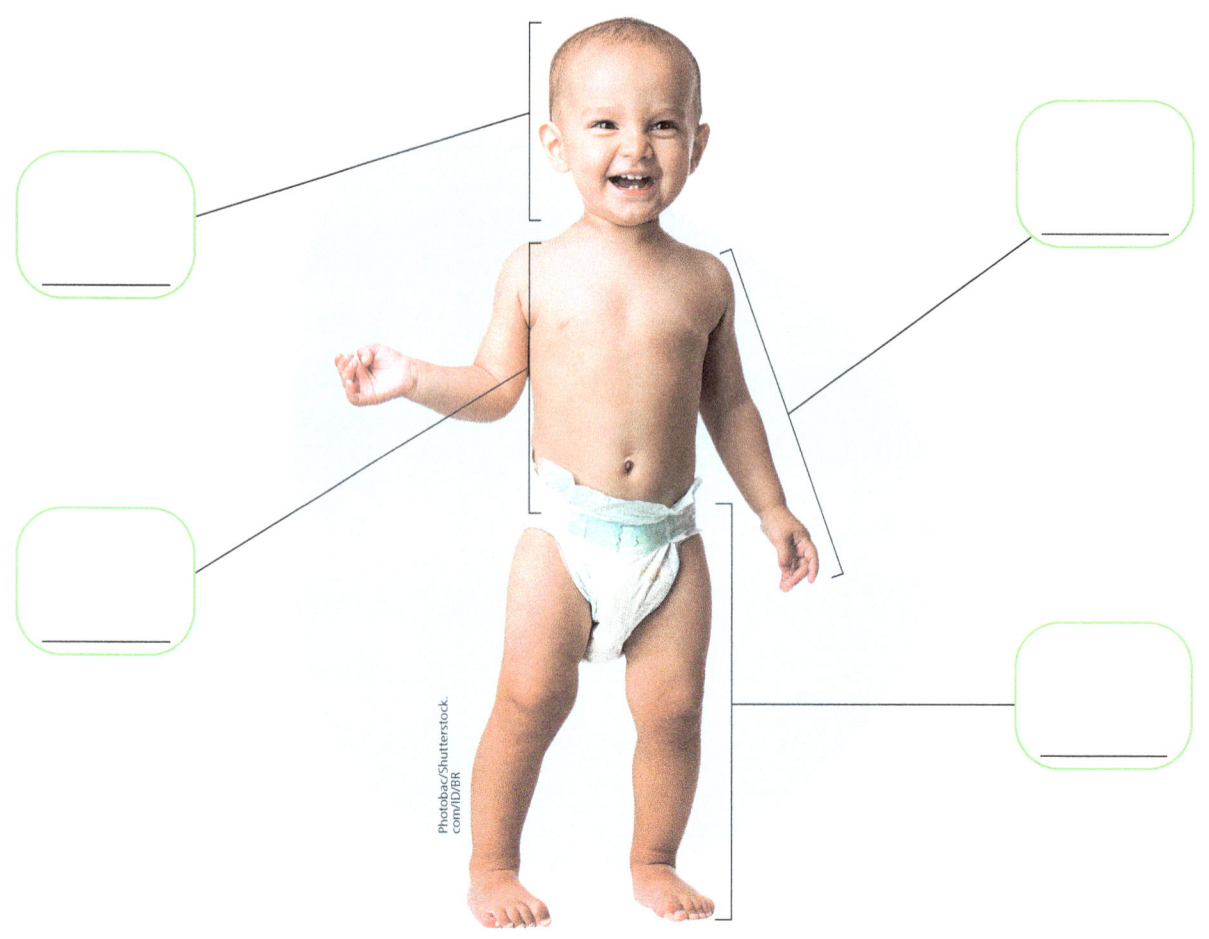

1. COMPLETE OS PONTILHADOS DAS PALAVRAS ABAIXO. EM SEGUIDA, ESCREVA NO ESQUEMA ANTERIOR, NOS QUADRINHOS, AS LETRAS CORRESPONDENTES ÀS REGIÕES DO CORPO.

A CABEÇA

B TRONCO

C MEMBROS SUPERIORES

D MEMBROS INFERIORES

EM CADA REGIÃO DO CORPO HUMANO EXISTEM DIFERENTES ESTRUTURAS. VEJA.

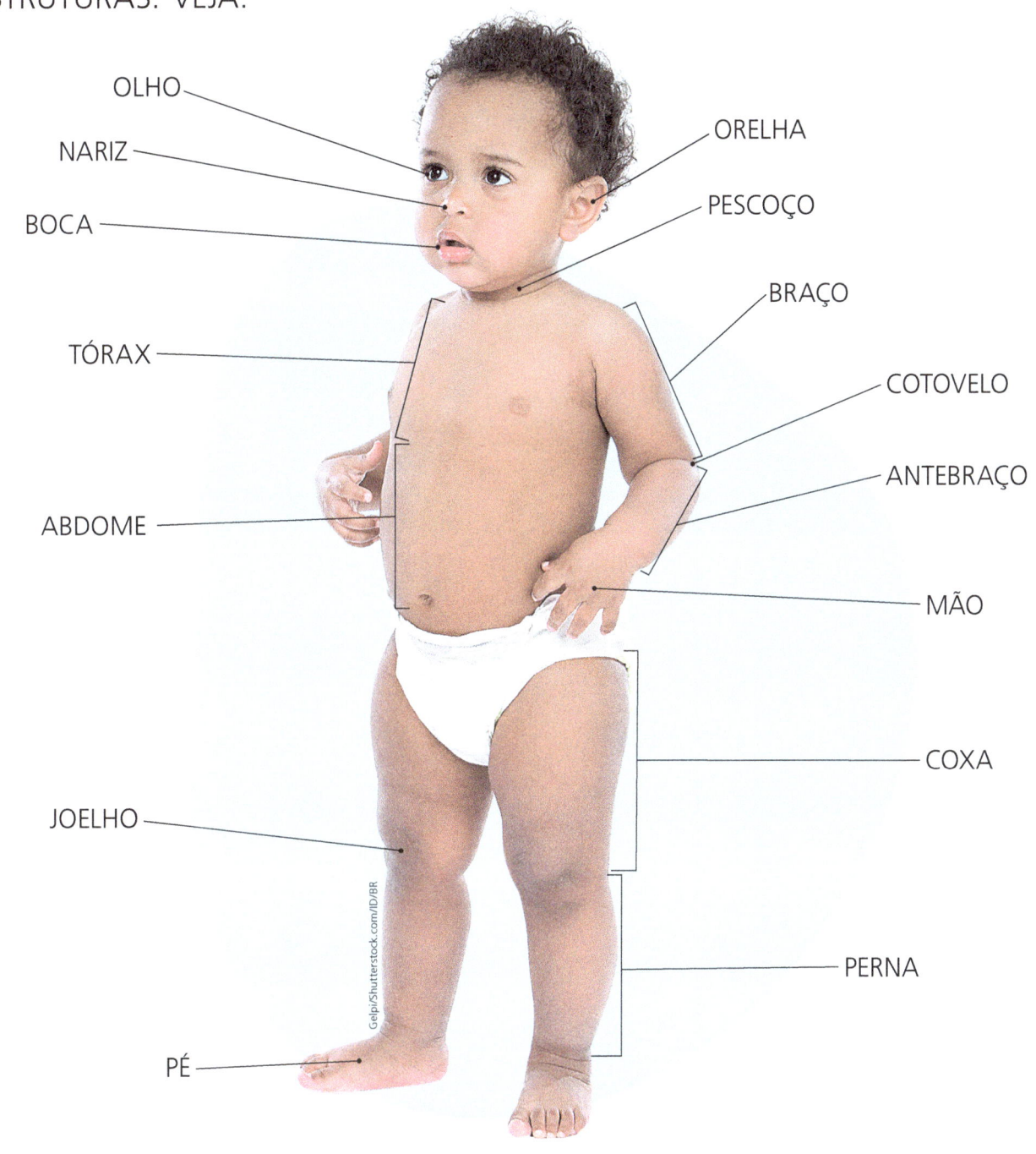

AS ESTRUTURAS DO CORPO HUMANO NOS AJUDAM A REALIZAR ALGUMAS ATIVIDADES NO DIA A DIA. COXAS, JOELHOS, PERNAS E PÉS, POR EXEMPLO, NOS AJUDAM A CAMINHAR E A CORRER. JÁ AS MÃOS NOS AJUDAM A SEGURAR OS OBJETOS.

2. CONVERSE COM OS COLEGAS SOBRE A IMPORTÂNCIA DAS ESTRUTURAS PRESENTES NA CABEÇA.

PRATIQUE E APRENDA

1. DESENHE SEU CORPO NO ESPAÇO ABAIXO. EM SEGUIDA, LOCALIZE E ESCREVA O NOME DAS PARTES DO CORPO INDICADAS A SEGUIR.

- BRAÇO
- COXA
- MÃO
- PÉ
- NARIZ
- PERNA
- ANTEBRAÇO
- TÓRAX
- ABDOME
- OLHO
- PESCOÇO
- BOCA

- COMPARE SEU DESENHO COM O DE UM COLEGA E VEJA SE VOCÊ INDICOU AS PARTES DO CORPO DA MESMA FORMA QUE ELE.

2. ESCUTE AS ADIVINHAS QUE O PROFESSOR VAI LER. DEPOIS, LIGUE CADA ADIVINHA À PARTE DO CORPO QUE REPRESENTA SUA RESPOSTA.

O QUE É, O QUE É? DUAS JANELAS QUE QUANDO SE ABREM EU VEJO O MUNDO!

O QUE É, O QUE É? SINTO OS CHEIROS BONS E OS CHEIROS RUINS. SINTO O CHEIRO DOS ALIMENTOS E DAS FLORES NO JARDIM!

COM ELAS, POSSO TOCAR E POSSO DESENHAR. SÃO DUAS! SÃO ELAS QUE AJUDAM A ME VESTIR!

O QUE É, O QUE É? SINTO O GOSTO DOS ALIMENTOS E VIVO TOCANDO O CÉU!

VINTE E UM **21**

3. OBSERVE A FOTO A SEGUIR.

A. ESCREVA A LETRA CORRESPONDENTE A CADA PARTE DO CORPO INDICADA NA FOTO.

☐ BRAÇO

☐ COXA

☐ ANTEBRAÇO

☐ MÃO

☐ PERNA

☐ JOELHO

☐ PÉ

☐ COTOVELO

MENINA CORRENDO NA AREIA.

B. PINTE DE AZUL OS QUADRINHOS DO ITEM ANTERIOR QUE APRESENTAM AS PARTES DO CORPO LOCALIZADAS NOS MEMBROS SUPERIORES.

PONTO DE CHEGADA

1. CITE DUAS CARACTERÍSTICAS FÍSICAS QUE PODEM DIFERENCIAR UMA PESSOA DA OUTRA.

2. CITE DUAS CARACTERÍSTICAS QUE NÃO SÃO FÍSICAS E QUE PODEM DIFERENCIAR UMA PESSOA DA OUTRA.

3. LOCALIZE EM VOCÊ UMA PARTE DE CADA REGIÃO DE SEU CORPO E DIGA O NOME DELAS.

UNIDADE 2
CUIDANDO DO MEU CORPO

PONTO DE PARTIDA

1. O QUE ESSAS CRIANÇAS ESTÃO FAZENDO?

2. VOCÊ JÁ SE DIVERTIU COM UMA BRINCADEIRA SEMELHANTE À MOSTRADA NA FOTO? CONTE AOS COLEGAS.

3. QUAL É A SUA BRINCADEIRA FAVORITA?

EU BRINCO COM MEUS COLEGAS

JÁ ESTUDAMOS QUE DEVEMOS TER ALGUNS CUIDADOS PARA MANTER A SAÚDE DO CORPO. É IMPORTANTE NOS RELACIONARMOS BEM COM AS OUTRAS PESSOAS E REALIZAR ATIVIDADES FÍSICAS, COMO PRATICAR ESPORTES E BRINCAR COM OS AMIGOS.

VAMOS CONHECER ALGUMAS BRINCADEIRAS COMUNS EM CADA REGIÃO DO BRASIL.

REPRESENTAÇÕES SEM PROPORÇÃO DE TAMANHO. CORES-FANTASIA.

CRIANÇAS BRINCANDO DE GATO E RATO, UMA BRINCADEIRA TÍPICA DA REGIÃO NORTE.

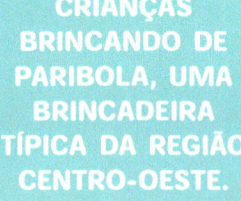

CRIANÇAS BRINCANDO DE PARIBOLA, UMA BRINCADEIRA TÍPICA DA REGIÃO CENTRO-OESTE.

CRIANÇAS BRINCANDO DE COELHO SAI DA TOCA, UMA BRINCADEIRA TÍPICA DA REGIÃO SUL DO BRASIL.

1. VOCÊ JÁ BRINCOU DE ALGUMA DESSAS BRINCADEIRAS? QUAL?
2. VOCÊ ACHA QUE ESSAS BRINCADEIRAS CONTRIBUEM PARA MANTER A SAÚDE DO CORPO? POR QUÊ?

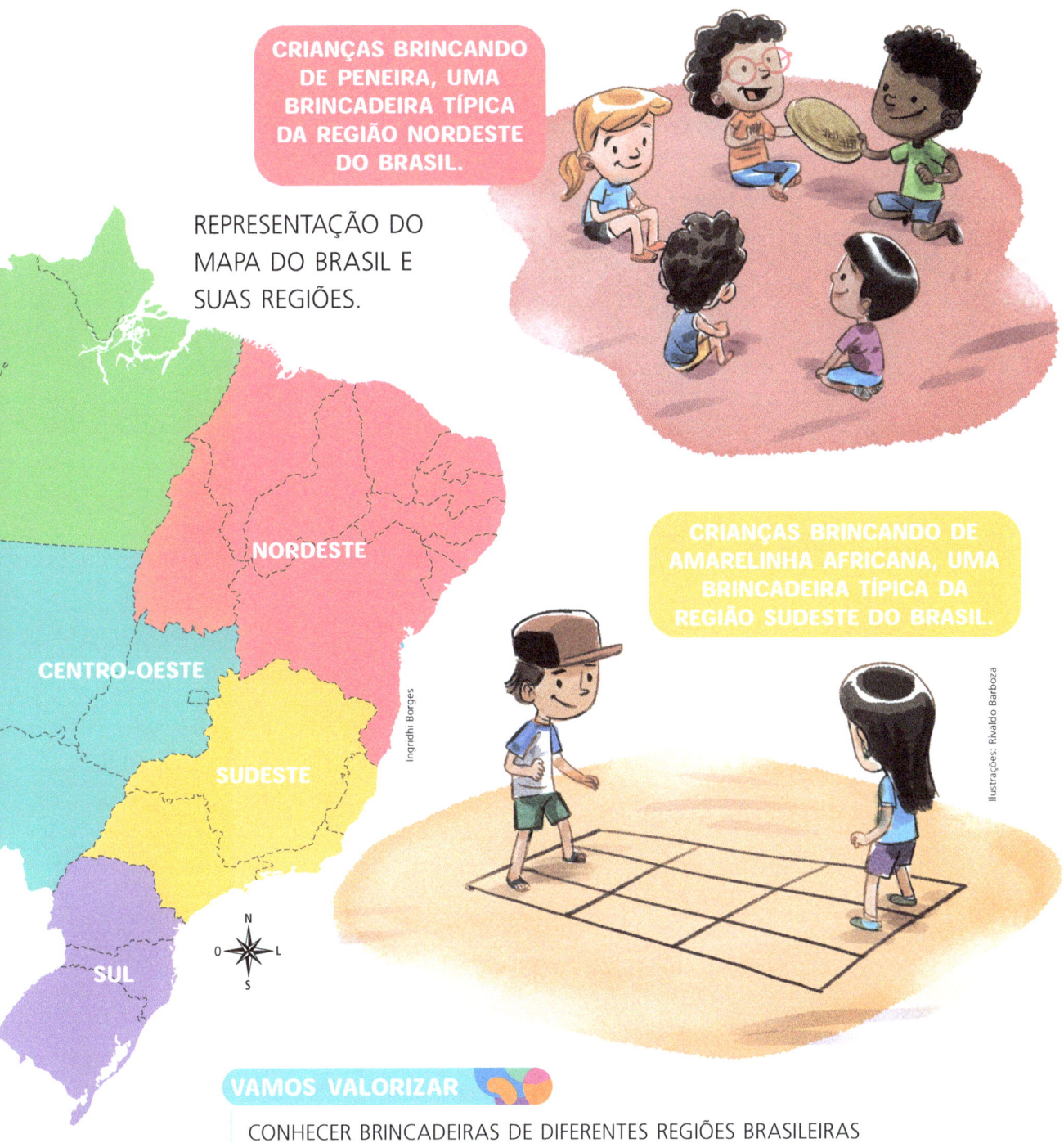

CRIANÇAS BRINCANDO DE PENEIRA, UMA BRINCADEIRA TÍPICA DA REGIÃO NORDESTE DO BRASIL.

REPRESENTAÇÃO DO MAPA DO BRASIL E SUAS REGIÕES.

CRIANÇAS BRINCANDO DE AMARELINHA AFRICANA, UMA BRINCADEIRA TÍPICA DA REGIÃO SUDESTE DO BRASIL.

VAMOS VALORIZAR

CONHECER BRINCADEIRAS DE DIFERENTES REGIÕES BRASILEIRAS CONTRIBUI PARA A VALORIZAÇÃO DA CULTURA DESSES LUGARES.

BRINCAR PODE CONTRIBUIR PARA MANTER O CORPO SAUDÁVEL. QUANDO BRINCAMOS, GERALMENTE MOVIMENTAMOS O CORPO, NOS DIVERTIMOS E PODEMOS FAZER NOVOS AMIGOS.

1. VEJA A IMAGEM ABAIXO.

CRIANÇAS NA AULA DE EDUCAÇÃO FÍSICA.

A. MARQUE UM **X** NO NOME DO LOCAL EM QUE ESSAS CRIANÇAS ESTÃO.

○ NA QUADRA.   ○ NA SALA DE AULA.

○ NO REFEITÓRIO.   ○ NA BIBLIOTECA.

B. POR QUE O LOCAL QUE VOCÊ ASSINALOU É MAIS ADEQUADO QUE OS DEMAIS PARA REALIZAR ESSA ATIVIDADE?

C. COMENTE COM OS COLEGAS SOBRE O QUE AS CRIANÇAS ESTÃO FAZENDO.

D. ESSA ATIVIDADE CONTRIBUI PARA MANTER A SAÚDE? POR QUÊ? CONVERSE COM OS COLEGAS SOBRE ESSE ASSUNTO.

E. CITE ATIVIDADES QUE VOCÊ COSTUMA REALIZAR NA AULA DE EDUCAÇÃO FÍSICA.

2. VEJA AS IMAGENS A SEGUIR.

A. LIGUE CADA IMAGEM AO NOME DA ATIVIDADE QUE A CRIANÇA ESTÁ REALIZANDO.

B. CIRCULE A ATIVIDADE QUE MENOS ESTIMULA A MOVIMENTAÇÃO DO CORPO.

A HIGIENE DO CORPO

BRUNO TOMA BANHO TODOS OS DIAS. DURANTE O BANHO, ELE LAVA BEM CADA PARTE DO CORPO.

1. VOCÊ ACHA QUE TOMAR BANHO AJUDA A MANTER A SAÚDE?

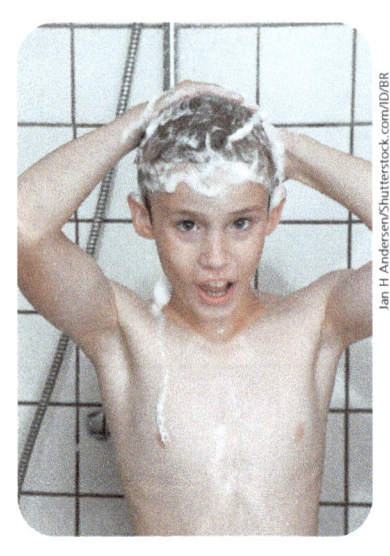

BRUNO DURANTE O BANHO.

TOMAR BANHO AJUDA NA LIMPEZA DO CORPO. ESSE CUIDADO ESTÁ RELACIONADO À HIGIENE DO CORPO E AJUDA A ELIMINAR ALGUNS SERES VIVOS E SUJEIRAS QUE PODEM PREJUDICAR A SAÚDE.

ALÉM DO BANHO, EXISTEM OUTRAS AÇÕES QUE CONTRIBUEM PARA MANTER A HIGIENE DO CORPO E A SAÚDE. VEJA.

LAVAR AS MÃOS ANTES DAS REFEIÇÕES, APÓS USAR O BANHEIRO, AO VOLTAR DE UM PASSEIO OU SEMPRE QUE PERCEBER QUE ELAS ESTÃO SUJAS.

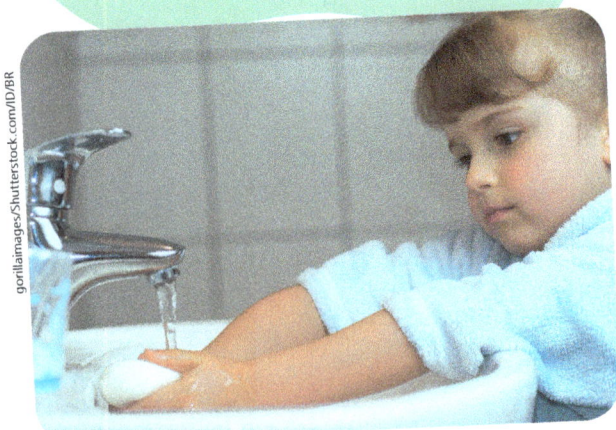

CÍNTIA LAVANDO AS MÃOS ANTES DE SE ALIMENTAR.

CORTAR E LIMPAR AS UNHAS DAS MÃOS E DOS PÉS.

CAMILA CORTANDO AS UNHAS DAS MÃOS DA FILHA.

ESCOVAR OS DENTES APÓS AS REFEIÇÕES, AO ACORDAR E ANTES DE DORMIR.

MARCELO ESCOVANDO OS DENTES APÓS SE ALIMENTAR.

UTILIZAR O FIO DENTAL TODOS OS DIAS, POIS RESTOS DE ALIMENTOS PODEM FICAR ENTRE OS DENTES.

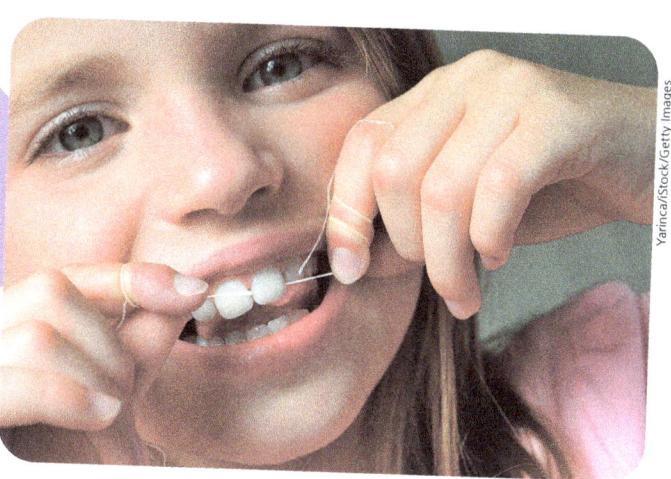

MELISSA USANDO FIO DENTAL.

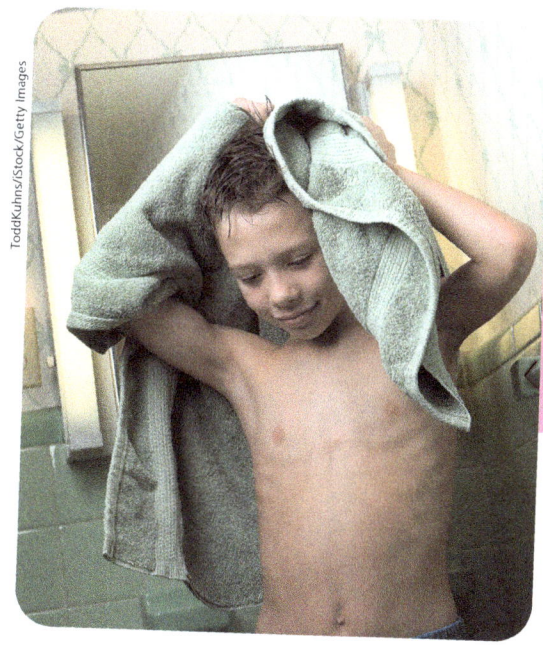

SECAR BEM O CORPO APÓS O BANHO, INCLUSIVE ENTRE OS DEDOS.

MÁRCIO SECANDO O CORPO APÓS O BANHO.

APÓS O BANHO, SECAR A PARTE EXTERNA DA ORELHA COM UMA TOALHA MACIA.
NÃO INTRODUZIR OBJETOS NA ORELHA.

CARINA SECANDO A ORELHA EXTERNA APÓS O BANHO.

LIMPAR OS OLHOS LAVANDO CUIDADOSAMENTE OS CÍLIOS E AS PÁLPEBRAS COM ÁGUA, EVITANDO QUE PRODUTOS DE LIMPEZA COMO SABONETE E XAMPU ENTREM NELES.

MATEUS LAVANDO OS OLHOS COM ÁGUA.

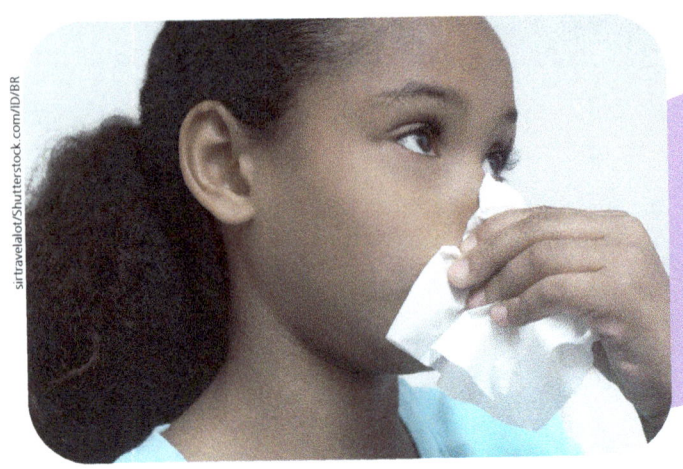

ASSOAR O NARIZ PARA ELIMINAR A SUJEIRA E, EM SEGUIDA, LAVAR BEM AS MÃOS.

JÚLIA ASSOANDO O NARIZ.

2. QUAIS DESSES CUIDADOS VOCÊ TEM DIARIAMENTE?

LIMPEZA DOS DENTES

A LIMPEZA DOS DENTES DEVE SER FEITA, PRINCIPALMENTE, POR MEIO DA ESCOVAÇÃO E DO USO DO FIO DENTAL.

REPRESENTAÇÕES SEM PROPORÇÃO DE TAMANHO. CORES-FANTASIA.

ESCOVAÇÃO

A. COLOQUE UMA PEQUENA QUANTIDADE DE CREME DENTAL NA ESCOVA.

COMECE ESCOVANDO A PARTE DA FRENTE DOS DENTES.

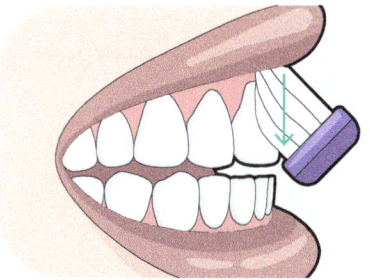

FAÇA MOVIMENTOS QUE VÃO DA GENGIVA ATÉ A PONTA DOS DENTES. EM SEGUIDA, FAÇA O MESMO COM A PARTE DE TRÁS DOS DENTES.

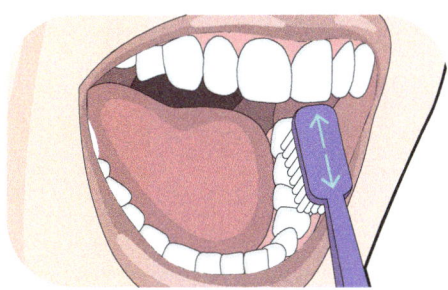

B. NA PARTE DOS DENTES UTILIZADA PARA A MASTIGAÇÃO, ESCOVE COM MOVIMENTOS LEVES DE VAIVÉM.

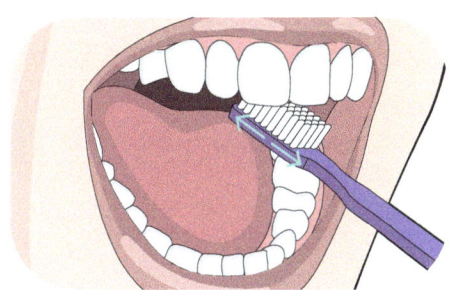

C. A PARTE INTERNA DOS DENTES DA FRENTE DEVE SER ESCOVADA COM A ESCOVA INCLINADA, REALIZANDO MOVIMENTOS DE SOBE E DESCE.

D. PARA COMPLETAR, ESCOVE A LÍNGUA COM MOVIMENTOS LEVES.

USO DO FIO DENTAL

A. SEGURE UM PEDAÇO DE FIO DENTAL DE APROXIMADAMENTE 30 CENTÍMETROS.

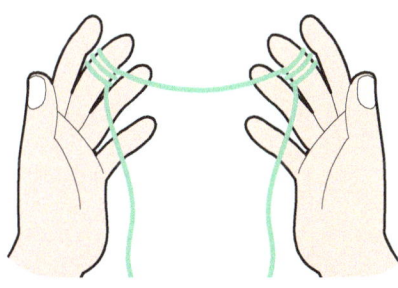

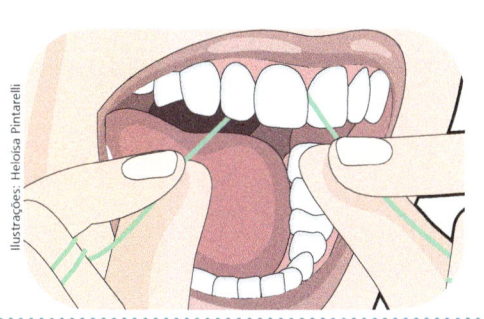

B. PASSE SUAVEMENTE O FIO DENTAL ENTRE DOIS DENTES, SEGUINDO AS CURVAS DELES. REPITA ESSE PROCESSO EM TODOS OS DENTES.

Ilustrações: Heloisa Pintarelli

INVESTIGUE E APRENDA

O SABÃO AJUDA NA HIGIENIZAÇÃO DAS MÃOS?

A COLOQUE A TERRA E UM POUCO DE ÁGUA EM UMA DAS BACIAS.

B VISTA AS LUVAS E SUJE OS DOIS PANOS NA ÁGUA COM TERRA.

VOU PRECISAR DE:

- 2 PANOS BRANCOS;
- TERRA;
- 3 VASILHAS PLÁSTICAS;
- ÁGUA;
- SABÃO;
- LUVAS.

RELATANDO O QUE OBSERVEI

1. MARQUE UM **X** EM QUAL PANO FICOU MAIS LIMPO.

☐ O PANO QUE FOI LAVADO SOMENTE COM ÁGUA.

☐ O PANO QUE FOI LAVADO COM ÁGUA E SABÃO.

C LAVE UM DOS PANOS EM UMA DAS BACIAS SOMENTE COM ÁGUA.

D RETIRE A ÁGUA DA BACIA E DEIXE O PANO DENTRO DELA.

E LAVE O OUTRO PANO NA OUTRA BACIA, COM ÁGUA E SABÃO. REPITA O ITEM **D**.

F OBSERVE E COMPARE COMO FICARAM OS DOIS PANOS APÓS A LAVAGEM.

VAMOS PERSISTIR

VOCÊ JÁ TENTOU FAZER ALGO QUE NÃO DEU CERTO NA PRIMEIRA VEZ? O QUE VOCÊ FEZ EM RELAÇÃO A ISSO? COMO SE SENTIU?

2. VOCÊ ACHA QUE AS MÃOS FICAM MAIS LIMPAS QUANDO SÃO LAVADAS APENAS COM ÁGUA OU QUANDO SÃO LAVADAS COM ÁGUA E SABÃO?

3. POR QUE É IMPORTANTE LAVAR AS MÃOS COM SABÃO?

4. VOCÊ COSTUMA USAR SABÃO PARA LAVAR AS MÃOS?

PRATIQUE E APRENDA

1. LIGUE A IMAGEM DE CADA OBJETO À SUA PRINCIPAL FUNÇÃO NA HIGIENE DO CORPO.

IMAGENS SEM PROPORÇÃO ENTRE SI.

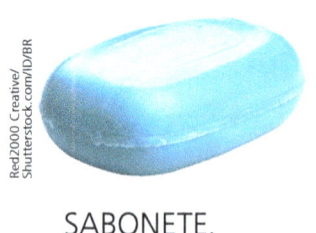

Red2000 Creative/Shutterstock.com/ID/BR

SABONETE.

Chimpinski/iStock/Getty Images

ESCOVA DENTAL.

9comeback/Shutterstock.com/ID/BR

TOALHA.

wiedzma/Shutterstock.com/ID/BR

CREME DENTAL.

ESCOVAR OS DENTES.

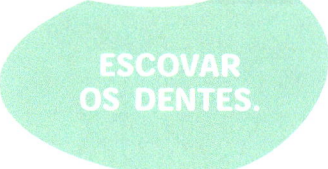

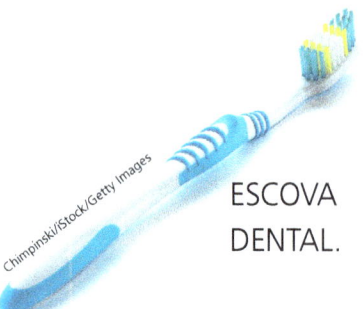

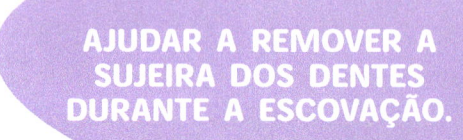

AJUDAR A REMOVER A SUJEIRA DOS DENTES DURANTE A ESCOVAÇÃO.

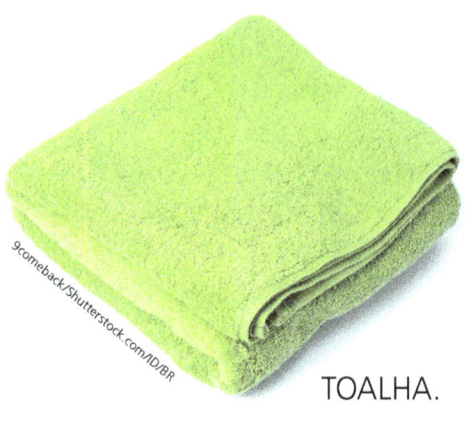

SECAR O CORPO.

ENSABOAR O CORPO DURANTE O BANHO AJUDANDO A REMOVER A SUJEIRA.

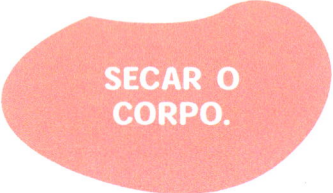

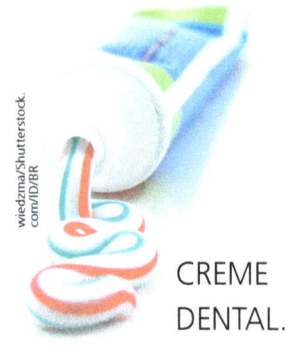

2. MAURÍCIO VAI ALMOÇAR. TRACE O CAMINHO QUE PASSA PELOS CUIDADOS QUE ELE DEVE TER ANTES E APÓS AS REFEIÇÕES.

REPRESENTAÇÕES SEM PROPORÇÃO DE TAMANHO. CORES-FANTASIA.

Rafael da Silva

PONTO DE CHEGADA

1. QUAIS SÃO OS TIPOS DE ATIVIDADE QUE MAIS CONTRIBUEM PARA MANTER A SAÚDE DO CORPO?

2. POR QUE A HIGIENE DO CORPO CONTRIBUI PARA MANTER A NOSSA SAÚDE?

3. DE QUE MANEIRA A ESCOVAÇÃO DOS DENTES CONTRIBUI PARA A NOSSA SAÚDE?

4. QUANDO DEVEMOS ESCOVAR OS DENTES?

UNIDADE

3 EU ME ALIMENTO

ASTRONAUTA SCOTT KELLY, DENTRO DE UMA NAVE NO ESPAÇO, EM 2015.

PONTO DE PARTIDA

1. QUE ALIMENTOS APARECEM NESSA FOTO?

2. VOCÊ ACHA QUE OS ALIMENTOS INGERIDOS PELOS ASTRONAUTAS NO ESPAÇO SÃO PREPARADOS DA MESMA MANEIRA QUE OS ALIMENTOS QUE INGERIMOS NA TERRA? POR QUÊ?

3. POR QUE NOS ALIMENTAMOS?

POR QUE NOS ALIMENTAMOS?

O RECREIO É UM MOMENTO MUITO DIVERTIDO, PORQUE PODEMOS BRINCAR E CONVERSAR COM OS COLEGAS NA ESCOLA. ALÉM DISSO, TAMBÉM NOS ALIMENTAMOS DURANTE O RECREIO.

VEJA ABAIXO ALGUNS ALIMENTOS OFERECIDOS NA ESCOLA EM QUE CARLOS ESTUDA.

REPRESENTAÇÃO SEM PROPORÇÃO DE TAMANHO. CORES-FANTASIA.

BOM DIA, CARLOS! O QUE VOCÊ VAI QUERER HOJE?

BOM DIA, PAULO! EU VOU QUERER UM LANCHE NATURAL E UM SUCO DE LARANJA NATURAL.

CARLOS.

REFEITÓRIO DE UMA ESCOLA.

Flavio Pereira

VAMOS DIALOGAR

OS PROFISSIONAIS DA ESCOLA POSSUEM DIFERENTES CONHECIMENTOS. É MUITO IMPORTANTE CONHECER O TRABALHO DE CADA UM DELES FAZ E VALORIZAR AS EXPERIÊNCIAS QUE ELES TÊM.

1. CIRCULE NA IMAGEM O LANCHE QUE VOCÊ PREFERE COMER.

O CORPO DO SER HUMANO E DE OUTROS SERES VIVOS PRECISA DE ENERGIA E DE ALGUNS MATERIAIS PARA SE MANTER VIVO, CRESCER, SE DESENVOLVER E REALIZAR AS DIVERSAS ATIVIDADES DO DIA A DIA, COMO BRINCAR NO RECREIO.

A ENERGIA E OS MATERIAIS DE QUE PRECISAMOS PROVÊM DOS ALIMENTOS QUE COMEMOS.

OBSERVE A REFEIÇÃO A SEGUIR.

FEIJÃO

ARROZ

SUCO DE LARANJA

ALFACE

CARNE

OVO

2. PINTE OS QUADRINHOS INDICADOS EM CADA ALIMENTO COM AS SEGUINTES CORES:

🔴 PARA OS ALIMENTOS QUE SÃO OBTIDOS DE PLANTAS.

🔵 PARA OS ALIMENTOS QUE SÃO OBTIDOS DE ANIMAIS.

DIZEMOS QUE OS ALIMENTOS OBTIDOS DE PLANTAS SÃO DE **ORIGEM VEGETAL**. JÁ OS ALIMENTOS OBTIDOS DE ANIMAIS SÃO DE **ORIGEM ANIMAL**.

ALIMENTAR-SE BEM

3. QUANTAS REFEIÇÕES VOCÊ FAZ POR DIA? ANOTE NO ESPAÇO AO LADO O NÚMERO QUE REPRESENTA ESSA QUANTIDADE.

PARA MANTER A ENERGIA E A DISPOSIÇÃO NECESSÁRIAS PARA A REALIZAÇÃO DAS ATIVIDADES COTIDIANAS, NÃO DEVEMOS FICAR MUITO TEMPO SEM NOS ALIMENTAR.

RECOMENDA-SE FAZER PELO MENOS TRÊS REFEIÇÕES DIÁRIAS: CAFÉ DA MANHÃ, ALMOÇO E JANTAR. ALÉM DISSO, PODEMOS FAZER PEQUENOS LANCHES ENTRE AS REFEIÇÕES.

4. CIRCULE A FOTO QUE MOSTRA O QUE VOCÊ ESCOLHERIA PARA COMER NO ALMOÇO.

IMAGENS SEM PROPORÇÃO ENTRE SI.

SANDUÍCHE DE PEITO DE PERU, QUEIJO, TOMATE E ALFACE.

PRATO COM ARROZ, FEIJÃO, CARNE, TOMATE, BETERRABA E ALFACE.

BISCOITOS.

BATATA FRITA.

ALÉM DE FAZER PELO MENOS TRÊS REFEIÇÕES DIÁRIAS, DEVEMOS TER UMA ALIMENTAÇÃO VARIADA E EM QUANTIDADE ADEQUADA PARA MANTER UMA VIDA SAUDÁVEL.

5. RETORNE À QUESTÃO **4** DA PÁGINA **39**. VOCÊ ACHA QUE A REFEIÇÃO QUE VOCÊ SELECIONOU É A MAIS VARIADA?

NOSSA ALIMENTAÇÃO DEVE CONTER VÁRIOS TIPOS DE ALIMENTO. VEJA ALGUNS DELES A SEGUIR.

6. MARQUE UM **X** NOS ALIMENTOS QUE VOCÊ COSTUMA INGERIR NO DIA A DIA.

IMAGENS SEM PROPORÇÃO ENTRE SI.

OVO.

CARNE.

LEITE.

PÃO.

ARROZ.

FEIJÃO.

FRUTAS.

VERDURAS E LEGUMES.

7. MARQUE UM **X** NO ALIMENTO E NA BEBIDA QUE DEVEMOS CONSUMIR PREFERENCIALMENTE.

IMAGENS SEM PROPORÇÃO ENTRE SI.

( ) SALGADO FRITO.

( ) SALGADO ASSADO.

( ) SUCO NATURAL DE LARANJA.

( ) REFRIGERANTE.

DEVEMOS DAR PREFERÊNCIA A ALIMENTOS ASSADOS, GRELHADOS OU COZIDOS E EVITAR AS FRITURAS.

TAMBÉM DEVEMOS EVITAR REFRIGERANTES, BALAS, CHICLETES E BISCOITOS. ESSES ALIMENTOS SÃO POBRES EM MATERIAIS ESSENCIAIS PARA O CORPO. ALÉM DISSO, SE CONSUMIDOS EM EXCESSO, PODEM CAUSAR DOENÇAS.

TAMBÉM É IMPORTANTE BEBER ÁGUA, POIS ELA PARTICIPA DE DIVERSOS PROCESSOS ESSENCIAIS PARA O CORPO HUMANO.

8. RETOME A QUESTÃO **7** DESTA PÁGINA E VERIFIQUE SE VOCÊ A RESPONDEU ADEQUADAMENTE.

PRATIQUE E APRENDA

1. JOSIANE ESTÁ EM DÚVIDA SOBRE QUAL REFEIÇÃO É MAIS VARIADA.

REPRESENTAÇÃO SEM PROPORÇÃO DE TAMANHO. CORES-FANTASIA.

A. COMPLETE A FRASE ABAIXO COM AS LETRAS DAS FOTOS.

A REFEIÇÃO _____ É MAIS VARIADA DO QUE A REFEIÇÃO _____.

B. CONVERSE COM OS COLEGAS SOBRE QUAIS ALIMENTOS VOCÊ ACRESCENTARIA NA REFEIÇÃO MENOS VARIADA PARA QUE ELA FICASSE MAIS VARIADA.

DIVIRTA-SE E APRENDA

PICOLÉ DE FRUTA

VEJA, A SEGUIR, COMO FAZER UM PICOLÉ SABOROSO E NUTRITIVO!

CUIDADO!
SOMENTE O ADULTO DEVE FATIAR AS FRUTAS OU MANUSEAR A FACA.

VOU PRECISAR DE:

- 6 BANANAS E 15 MORANGOS FATIADOS;
- 3 XÍCARAS DE IOGURTE NATURAL;
- 12 COPOS DESCARTÁVEIS;
- 12 PALITOS DE MADEIRA PARA PICOLÉ;
- LIQUIDIFICADOR;

BANANA E MORANGO.

DICA VOCÊ PODE SUBSTITUIR OS MORANGOS E AS BANANAS POR OUTRAS FRUTAS DA ESTAÇÃO OU COMUNS NA REGIÃO EM QUE VOCÊ VIVE.

A. COLOQUE UMA FATIA DE BANANA NO FUNDO DE CADA COPO E ESPETE UM PALITO DE MADEIRA EM CADA UMA.

B. O PROFESSOR IRÁ BATER AS FRUTAS (BANANA E MORANGO) E 3 XÍCARAS DE IOGURTE NO LIQUIDIFICADOR POR ALGUNS MINUTOS.

C. DESPEJE A MISTURA NOS COPOS DESCARTÁVEIS, SEM ENCHÊ-LOS COMPLETAMENTE.

D. LEVE OS PICOLÉS AO CONGELADOR POR PELO MENOS QUATRO HORAS. DEPOIS É SÓ COMER!

CUIDADOS AO NOS ALIMENTARMOS

GUSTAVO GOSTA DE AJUDAR SEU PAI A PREPARAR AS REFEIÇÕES PARA A FAMÍLIA.

REPRESENTAÇÃO SEM PROPORÇÃO DE TAMANHO. CORES-FANTASIA.

— POSSO TE AJUDAR, PAPAI?

— SIM, FILHO, MAS VOCÊ JÁ LAVOU AS MÃOS?

44 QUARENTA E QUATRO

É IMPORTANTE TER ALGUNS CUIDADOS AO NOS ALIMENTARMOS. VEJA ABAIXO.

A. LAVAR AS MÃOS ANTES DE PREPARAR OS ALIMENTOS E DE CONSUMI-LOS.

B. LAVAR BEM OS ALIMENTOS QUE CONSUMIMOS CRUS, COMO FRUTAS E VERDURAS.

C. COZINHAR BEM OS ALIMENTOS QUE NÃO DEVEMOS CONSUMIR CRUS, COMO AS CARNES.

D. MASTIGAR BEM OS ALIMENTOS.

E. VERIFICAR O PRAZO DE VALIDADE DE ALIMENTOS INDUSTRIALIZADOS ANTES DE COMÊ-LOS.

F. CONSERVAR ALGUNS ALIMENTOS, COMO IOGURTE, EM BAIXAS TEMPERATURAS.

1. RELACIONE CADA DESCRIÇÃO A UM CUIDADO MOSTRADO NA CENA. PARA ISSO, ESCREVA NOS QUADRINHOS AS LETRAS CORRESPONDENTES.

VAMOS NOS CUIDAR

PARA VIVER BEM É MUITO IMPORTANTE APRECIAR SEU CORPO E CUIDAR DE SUA SAÚDE FÍSICA E EMOCIONAL. ALIMENTAR-SE BEM CONTRIBUI PARA MANTER A SAÚDE.

POR DENTRO DO TEMA

CIÊNCIA E TECNOLOGIA

EMBALAGENS A VÁCUO

A. VOCÊ JÁ REPAROU QUE OS ALIMENTOS PODEM FICAR IMPRÓPRIOS PARA O CONSUMO COM O PASSAR DO TEMPO?

OS ALIMENTOS QUE COMPRAMOS TÊM UM PRAZO DE VALIDADE, OU SEJA, UM PERÍODO DE TEMPO EM QUE PODEM SER CONSUMIDOS. APÓS ESSE PERÍODO, ELES NÃO DEVEM SER CONSUMIDOS PORQUE PODEM CAUSAR PROBLEMAS DE SAÚDE.

PRAZO DE VALIDADE DE IOGURTE NATURAL.

O ALIMENTO ARMAZENADO EM EMBALAGEM A VÁCUO COSTUMA TER O PRAZO DE VALIDADE MAIOR QUE O ALIMENTO ARMAZENADO EM EMBALAGEM COMUM.

CARNE EM EMBALAGEM COMUM.

REPRESENTAÇÕES SEM PROPORÇÃO DE TAMANHO. CORES-FANTASIA.

NAS EMBALAGENS A VÁCUO, O AR É RETIRADO DE DENTRO DA EMBALAGEM. ISSO AJUDA A CONSERVAR O ALIMENTO POR MAIS TEMPO, POIS O VÁCUO DIFICULTA O CRESCIMENTO DE SERES VIVOS QUE PODEM TORNAR O ALIMENTO IMPRÓPRIO PARA O CONSUMO.

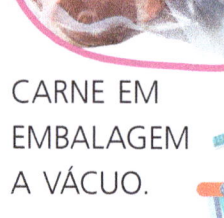

CARNE EM EMBALAGEM A VÁCUO.

B. VOCÊ COSTUMA OBSERVAR O PRAZO DE VALIDADE DOS ALIMENTOS QUE CONSOME?

PRATIQUE E APRENDA

1. OBSERVE ALGUMAS ATITUDES DE MARCELO.

A. MARCELO PEGOU SALADA DE FRUTAS EM QUANTIDADE ADEQUADA? MARQUE UM **X** NA FRASE QUE MELHOR REPRESENTA SUA OPINIÃO.

◯ SIM, POIS ELE PEGOU O SUFICIENTE PARA UMA ALIMENTAÇÃO ADEQUADA E COMEU TUDO.

◯ NÃO, POIS ELE PEGOU MUITO MAIS DO QUE NECESSITAVA E NÃO CONSEGUIU COMER TUDO.

B. CONVERSE COM UM COLEGA SOBRE COMO MARCELO PODERIA TER EVITADO A ATITUDE DO ÚLTIMO QUADRO.

C. EM SUA OPINIÃO, VOCÊ DEVERIA MELHORAR ALGUMAS DE SUAS ATITUDES PARA EVITAR O <u>DESPERDÍCIO</u> DE ALIMENTO?

_____
_____
_____
_____

2. NUMERE AS CENAS A SEGUIR, DE **1** A **4**, NA ORDEM CORRETA EM QUE ANA FLÁVIA DEVE REALIZAR AS ATIVIDADES.

ANA FLÁVIA COMENDO UMA MAÇÃ.

ANA FLÁVIA LAVANDO UMA MAÇÃ.

ANA FLÁVIA LAVANDO AS MÃOS.

ANA FLÁVIA ESCOVANDO OS DENTES.

PONTO DE CHEGADA

1. QUAL É A IMPORTÂNCIA DOS ALIMENTOS PARA O NOSSO CORPO?
2. EM NOSSAS REFEIÇÕES, COM O QUE DEVEMOS NOS PREOCUPAR PARA TER UMA ALIMENTAÇÃO SAUDÁVEL?
3. ANTES DE COMPRAR E INGERIR UM ALIMENTO, DEVEMOS VERIFICAR O PRAZO DE VALIDADE. POR QUÊ?

UNIDADE 4
O AMBIENTE AO NOSSO REDOR

FLORESTA AMAZÔNICA, NO AMAZONAS, EM 2014.

PONTO DE PARTIDA

1. VOCÊ JÁ VISITOU UM LOCAL COMO ESSE?

2. O QUE VOCÊ OBSERVA NESTA IMAGEM?

3. VOCÊ ACHA QUE TODOS OS AMBIENTES APRESENTAM OS MESMOS COMPONENTES QUE O DESTA IMAGEM?

QUARENTA E NOVE 49

OS SERES VIVOS

ESTE É O SÍTIO ONDE LARISSA MORA.

REPRESENTAÇÃO SEM PROPORÇÃO DE TAMANHO. CORES-FANTASIA.

LARISSA

AR, LUZ SOLAR, PLANTAS, ANIMAIS, SOLO E ÁGUA PODEM SER ENCONTRADOS EM DIFERENTES LOCAIS DO MESMO AMBIENTE.

1. IDENTIFIQUE OS COMPONENTES DO AMBIENTE NA CENA DE ACORDO COM AS INDICAÇÕES ABAIXO. PARA ISSO, ESCREVA NOS QUADRINHOS O NÚMERO CORRESPONDENTE.

① AR.
② ÁGUA.
③ ANIMAIS.
④ SOLO.
⑤ LUZ SOLAR.
⑥ PLANTAS.

CINQUENTA E UM 51

COMO VOCÊ OBSERVOU NAS PÁGINAS ANTERIORES, NO SÍTIO DE LARISSA EXISTEM DIFERENTES PLANTAS E ANIMAIS. TANTO AS PLANTAS QUANTO OS ANIMAIS SÃO SERES VIVOS.

OS SERES VIVOS NASCEM, CRESCEM, PODEM SE REPRODUZIR E MORREM. ESSAS ETAPAS FAZEM PARTE DO **CICLO DE VIDA** DOS SERES VIVOS.

PRATIQUE E APRENDA

1. NUMERE AS IMAGENS ABAIXO NA ORDEM CRESCENTE EM QUE OCORRE CADA ETAPA DO CICLO DE VIDA DO FEIJOEIRO.

IMAGENS SEM PROPORÇÃO ENTRE SI.

FEIJOEIRO: PODE ATINGIR CERCA DE 50 CENTÍMETROS DE ALTURA.

2. PINTE OS SERES VIVOS QUE APARECEM NA CENA ABAIXO.

REPRESENTAÇÃO SEM PROPORÇÃO DE TAMANHO.

OS COMPONENTES NÃO VIVOS

PARA FAZER JUNTOS!

JUNTE-SE A UM COLEGA E CONVERSE COM ELE SOBRE O QUE ACONTECE COM AS OVELHAS DO SÍTIO DE LARISSA COM O PASSAR DO TEMPO. EM SEGUIDA, CONVERSEM SE ISSO TAMBÉM OCORRE COM A CERCA DO PASTO E COM A CASA AO LONGO DO TEMPO.

AS PLANTAS E OS ANIMAIS SÃO SERES VIVOS. JÁ AS ROCHAS, O SOLO, A ÁGUA, O AR E A LUZ SOLAR SÃO COMPONENTES NÃO VIVOS.

OS SERES VIVOS SE RELACIONAM COM OS COMPONENTES NÃO VIVOS DOS AMBIENTES. VEJA ABAIXO ALGUMAS DESSAS RELAÇÕES.

AS PLANTAS E OS ANIMAIS PRECISAM DE **ÁGUA** PARA SOBREVIVER.

A **LUZ SOLAR** ILUMINA E AQUECE O PLANETA TERRA.

Ilustrações: Flavio Pereira

VAMOS NOS CUIDAR

BEBER ÁGUA COM FREQUÊNCIA E SE EXPOR À LUZ SOLAR COM PROTEÇÃO E EM HORÁRIOS ADEQUADOS SÃO AÇÕES QUE CONTRIBUEM PARA CUIDAR DA SAÚDE.

A MAIORIA DOS SERES VIVOS PRECISA DE **AR** PARA SOBREVIVER.

1. COMO PODEMOS PERCEBER QUE EXISTE AR NO AMBIENTE DA CENA ACIMA?

O **SOLO** TAMBÉM É IMPORTANTE PARA OS SERES VIVOS. ELE PODE FORNECER ALIMENTO E ABRIGO PARA OS ANIMAIS. ALÉM DISSO, MUITAS PLANTAS SE FIXAM NELE.

2. CITE OS ANIMAIS QUE APARECEM NA CENA ACIMA E QUE CONSTROEM SEU ABRIGO NO SOLO.

PRATIQUE E APRENDA

1. ENCONTRE E CIRCULE NA IMAGEM **A** CINCO DIFERENÇAS EM RELAÇÃO À IMAGEM **B**.

- CONVERSE COM OS COLEGAS SOBRE QUAIS DOS COMPONENTES QUE VOCÊ CIRCULOU NA IMAGEM **A** NÃO SÃO SERES VIVOS.

CONSERVANDO O AMBIENTE

PARA FAZER JUNTOS!

FORME DUPLA COM UM COLEGA E OBSERVEM AS FOTOS ABAIXO.

A

PRAIA EM PARATI, RIO DE JANEIRO, EM 2017.

B

PRAIA NA ILHA DO FUNDÃO, NO MUNICÍPIO DO RIO DE JANEIRO, EM 2016.

1. QUAL DESSAS PRAIAS ESTÁ MAIS BEM CUIDADA?

2. QUAL DESSAS PRAIAS VOCÊS GOSTARIAM DE FREQUENTAR? POR QUÊ?

3. CONVERSE COM OS COLEGAS SOBRE O QUE PODERIA SER FEITO PARA MELHORAR O AMBIENTE DA PRAIA MENOS CUIDADA.

EM CASA, NA ESCOLA E EM OUTROS LUGARES QUE FREQUENTAMOS, DEVEMOS TER ALGUNS CUIDADOS PARA MANTER OS AMBIENTES CONSERVADOS.

PRATIQUE E APRENDA

1. LIGUE CADA CUIDADO MOSTRADO NAS IMAGENS À SUA DESCRIÇÃO.

CUIDAR DAS PLANTAS.

TRATAR BEM OS ANIMAIS.

JOGAR O LIXO NA LIXEIRA.

- VOCÊ COSTUMA TER ALGUM DESSES CUIDADOS PARA MANTER OS AMBIENTES CONSERVADOS? QUAIS?

PONTO DE CHEGADA

1. DESENHE O PÁTIO DA ESCOLA EM SEU CADERNO E IDENTIFIQUE O SOLO, AS PLANTAS E OS ANIMAIS. EM SEGUIDA, CONVERSE COM OS COLEGAS SOBRE ONDE PODEMOS ENCONTRAR O AR E A LUZ SOLAR E COMO PODEMOS PERCEBER ESSES COMPONENTES NO AMBIENTE.

2. JUNTE-SE A UM COLEGA E FAÇAM UM PASSEIO PELA ESCOLA. VERIFIQUEM SE OS AMBIENTES DA ESCOLA ESTÃO BEM CUIDADOS. CASO NECESSÁRIO, INDIQUEM SUGESTÕES DE COMO MELHORAR ESSES AMBIENTES.

UNIDADE

5 OS ANIMAIS

PONTO DE PARTIDA

1. ENCONTRE UM ANIMAL NA FOTO E CONTORNE-O.

2. O ANIMAL QUE VOCÊ ENCONTROU É CONHECIDO COMO BICHO-PAU. VOCÊ JÁ OUVIU FALAR DESSE ANIMAL? COMENTE O QUE VOCÊ SABE SOBRE ELE.

3. FALE SOBRE COMO É O ANIMAL DA FOTO.

DIFERENTES ANIMAIS

A IMAGEM ABAIXO MOSTRA O QUINTAL DA CASA DE FÁBIO. VEJA ALGUNS ANIMAIS QUE PODEM SER OBSERVADOS NESSE AMBIENTE.

REPRESENTAÇÃO SEM PROPORÇÃO DE TAMANHO. CORES-FANTASIA.

A BEIJA-FLOR
B LAGARTA
C CACHORRO
D GATO
E LAGARTIXA
F TATUZINHO-
-DE-JARDIM
G SER HUMANO
H FORMIGAS

VAMOS DIALOGAR

O QUE VOCÊ SABE SOBRE ESSES ANIMAIS? COMPARTILHAR INFORMAÇÕES COM OS COLEGAS AJUDA VOCÊS A TROCAREM EXPERIÊNCIAS E A APRENDEREM UNS COM OS OUTROS. MAS É SEMPRE IMPORTANTE SABER OUVIR E RESPEITAR AS OPINIÕES DAS OUTRAS PESSOAS.

Flavio Pereira

OS ANIMAIS SÃO DIFERENTES UNS DOS OUTROS. ELES PODEM APRESENTAR DIFERENTES CORES, TAMANHOS E FORMATOS.

1. LEIA AS CARACTERÍSTICAS ABAIXO E ESCREVA A LETRA DO ANIMAL A QUE ELAS SE REFEREM.

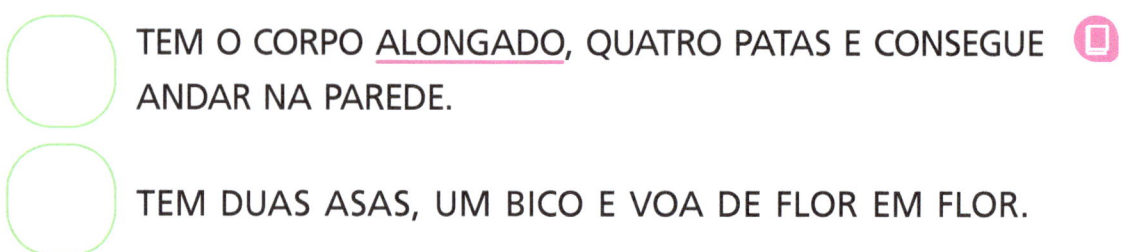

    ( ) TEM O CORPO <u>ALONGADO</u>, QUATRO PATAS E CONSEGUE ANDAR NA PAREDE.

    ( ) TEM DUAS ASAS, UM BICO E VOA DE FLOR EM FLOR.

60 SESSENTA

OS ANIMAIS PODEM SER ENCONTRADOS EM DIFERENTES LOCAIS NOS AMBIENTES, TANTO SOBRE O SOLO COMO NO INTERIOR DELE, NA ÁGUA OU NO AR.

2. DESTAQUE OS **ADESIVOS** DOS ANIMAIS DA PÁGINA **121** E COLE-OS NOS LOCAIS QUE REPRESENTAM O AMBIENTE ONDE ELES PODEM SER ENCONTRADOS.

REPRESENTAÇÃO SEM PROPORÇÃO DE TAMANHO. CORES-FANTASIA.

ALGUNS ANIMAIS PODEM SER CRIADOS PELO SER HUMANO PARA LHE FAZER COMPANHIA, COMO O CACHORRO DE FÁBIO. ESSES ANIMAIS SÃO CONHECIDOS COMO **ANIMAIS DE ESTIMAÇÃO**.

POR DENTRO DO TEMA

TRABALHO

MÉDICO VETERINÁRIO

TODOS OS DIAS LEANDRO DÁ ÁGUA E COMIDA PARA MAROTO, SEU CACHORRO. PERIODICAMENTE, ELE TAMBÉM DÁ BANHO EM SEU ANIMAL DE ESTIMAÇÃO.

LEANDRO DANDO ÁGUA E COMIDA AO MAROTO.

LEANDRO E SEU PAI DANDO BANHO NO MAROTO.

LEANDRO SABE QUE, ALÉM DESSES CUIDADOS, É NECESSÁRIO LEVAR MAROTO COM FREQUÊNCIA AO MÉDICO VETERINÁRIO.

ESSE PROFISSIONAL É RESPONSÁVEL POR CUIDAR DA SAÚDE DOS ANIMAIS. ELE PODE RECEITAR REMÉDIOS E VACINAS.

ALÉM DE TRATAR OS ANIMAIS DOENTES, O MÉDICO VETERINÁRIO AJUDA A MANTER A SAÚDE DELES, EVITANDO QUE ADOEÇAM E TRANSMITAM DOENÇAS AOS SERES HUMANOS.

MÉDICA VETERINÁRIA ATENDENDO MAROTO.

Ilustrações: Rivaldo Barboza

A. VOCÊ TEM ALGUM ANIMAL DE ESTIMAÇÃO EM SUA CASA? QUE CUIDADOS VOCÊ E SUA FAMÍLIA TÊM COM ELE?

B. QUAL É A IMPORTÂNCIA DA VACINAÇÃO PARA O ANIMAL DE ESTIMAÇÃO? E PARA AS PESSOAS QUE CONVIVEM COM ELE?

PRATIQUE E APRENDA

1. MARQUE UM **X** NO QUADRINHO AO LADO DAS FOTOS DOS ANIMAIS QUE VIVEM NA ÁGUA.

BALEIA-AZUL: PODE ATINGIR CERCA DE 30 METROS DE COMPRIMENTO.

BALEIA-AZUL.

URUTAU: PODE ATINGIR CERCA DE 37 CENTÍMETROS DE COMPRIMENTO.

URUTAU.

MICO-LEÃO-DOURADO: PODE ATINGIR CERCA DE 60 CENTÍMETROS DE COMPRIMENTO.

MICO-LEÃO-DOURADO.

BOTO-COR-DE-ROSA: PODE ATINGIR CERCA DE 2,5 METROS DE COMPRIMENTO.

BOTO-COR-DE-ROSA.

QUATI: PODE ATINGIR CERCA DE 67 CENTÍMETROS DE COMPRIMENTO.

QUATI.

QUEIXADA: PODE ATINGIR CERCA DE 90 CENTÍMETROS DE COMPRIMENTO.

QUEIXADA.

SESSENTA E TRÊS

OS SONS DOS ANIMAIS

MIAU! MIAU! AU! AU! OS ANIMAIS PODEM EMITIR SONS. QUE ANIMAIS EMITEM SONS PARECIDOS COM OS QUE VOCÊ ACABOU DE LER?

1. LIGUE CADA ANIMAL AO SOM QUE ELE EMITE.

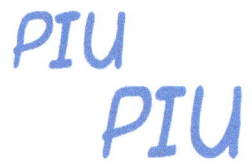

REPRESENTAÇÕES SEM PROPORÇÃO DE TAMANHO. CORES-FANTASIA.

MIAU MIAU

AU AU

PIU PIU

QUÁ QUÁ

Ilustrações: Cria Ideias

2. VOCÊ JÁ ESCUTOU O SOM QUE ALGUNS DESSES ANIMAIS EMITEM? QUAL?

EM NOSSO COTIDIANO, É MUITO COMUM OUVIRMOS CACHORROS LATINDO, GATOS MIANDO E PÁSSAROS CANTANDO. ESSES E MUITOS OUTROS ANIMAIS EMITEM SONS EM DIVERSAS SITUAÇÕES.

OS SONS QUE OS ANIMAIS EMITEM RECEBEM NOMES DIFERENTES. VAMOS CONHECER ALGUNS DELES.

3. ESCREVA AS VOGAIS QUE COMPLETAM O NOME DOS SONS DOS ANIMAIS EM CADA FRASE.

REPRESENTAÇÕES SEM PROPORÇÃO DE TAMANHO. CORES-FANTASIA.

O SAPO C ___ AX ___ .

A CABRA B ___ RR ___ .

O LEÃO R ___ G ___ .

A GALINHA C ___ C ___ R ___ J ___ .

VAMOS DIALOGAR

AO FALAR E ESCREVER, VOCÊ UTILIZA DIFERENTES LINGUAGENS PARA EXPRESSAR UMA INFORMAÇÃO: A LINGUAGEM ORAL E A ESCRITA.

PRATIQUE E APRENDA

1. ESCREVA EM CADA QUADRINHO A LETRA CORRESPONDENTE AO SOM DE CADA ANIMAL.

A MUUU! MUUU!

B QUACK! QUACK!

C OINC! OINC!

D CRI! CRI!

E ZZZZ! ZZZZ!

REPRESENTAÇÃO SEM PROPORÇÃO DE TAMANHO. CORES-FANTASIA.

A VACA MUGE.

O PORCO GRUNHE.

O PATO GRASNA.

O GRILO CRICRILA.

A ABELHA ZUMBE.

PONTO DE CHEGADA

1. DESENHE NO CADERNO UM ANIMAL QUE VOCÊ ESTUDOU NESTA UNIDADE.

2. CONVERSE COM UM COLEGA SOBRE COMO É O CORPO DESSE ANIMAL E O LOCAL ONDE ELE VIVE.

UNIDADE 6
AS PLANTAS

PLANTA CONHECIDA COMO *TITAN ARUM*, EM UM JARDIM BOTÂNICO EM SYDNEY, NA AUSTRÁLIA.

PONTO DE PARTIDA

1. COMO É A PLANTA MOSTRADA NESTA FOTO?

2. COMO SÃO AS PLANTAS QUE VOCÊ GERALMENTE OBSERVA EM SEU COTIDIANO?

DIFERENTES PLANTAS

1. DECIFRE OS CÓDIGOS ABAIXO E COMPLETE AS FRASES. COM A AJUDA DO PROFESSOR, LEIA AS FRASES QUE SE FORMARAM.

A _ _ _ _ _ _ _

É UMA PLANTA QUE PODE SER ENCONTRADA EM RIOS E LAGOS.

IMAGENS SEM PROPORÇÃO ENTRE SI.

PLANTA ADULTA: PODE ATINGIR CERCA DE 30 CENTÍMETROS DE COMPRIMENTO.

PLANTA ADULTA: PODE ATINGIR CERCA DE 1 METRO DE ALTURA.

A _ _ _ _ _ _ _ _ É UMA PLANTA QUE PODE SER ENCONTRADA FIXA EM OUTRAS PLANTAS.

A _ _ _ _ _ _ _ _ _

É UMA PLANTA QUE VIVE FIXA NO SOLO.

AS PLANTAS PODEM SER ENCONTRADAS EM DIVERSOS LOCAIS DO AMBIENTE, COMO NO SOLO, NA ÁGUA OU EM OUTRAS PLANTAS.

2. OBSERVE AS FOTOS. VOCÊ ACHA QUE AS PLANTAS SÃO TODAS IGUAIS?

PLANTA ADULTA: PODE ATINGIR CERCA DE 3 METROS DE ALTURA.

AS PLANTAS PODEM SER DIFERENTES UMAS DAS OUTRAS.

3. OBSERVE AS IMAGENS ABAIXO. CITE TRÊS DIFERENÇAS ENTRE AS PLANTAS.

IPÊ: PODE ATINGIR CERCA DE 25 METROS DE ALTURA.

IMAGENS SEM PROPORÇÃO ENTRE SI.

MORANGUEIRO: PODE ATINGIR CERCA DE 30 CENTÍMETROS DE ALTURA.

IPÊ.

MORANGUEIRO.

AGAVE: PODE ATINGIR CERCA DE 2 METROS DE ALTURA.

AGAVE.

AS PLANTAS PODEM APRESENTAR DIFERENTES CORES, TAMANHOS E FORMATOS.

PRATIQUE E APRENDA

1. GUSTAVO QUER CONHECER ALGUMAS PLANTAS QUE VIVEM NA ÁGUA. TRACE UM CAMINHO QUE PASSE SOMENTE POR ESSAS PLANTAS.

REPRESENTAÇÕES SEM PROPORÇÃO DE TAMANHO.

GRAMA.

AGUAPÉ.

ORQUÍDEA.

MANGUEIRA.

LÍRIO-D'ÁGUA.

VITÓRIA-RÉGIA.

AGUAPÉ: PODE ATINGIR CERCA DE 1 METRO DE ALTURA.
GRAMA: PODE ATINGIR CERCA DE 20 CENTÍMETROS DE ALTURA.
LÍRIO-D'ÁGUA: PODE ATINGIR CERCA DE 1 METRO DE ALTURA.
MANGUEIRA: PODE ATINGIR CERCA DE 30 METROS DE ALTURA.
ORQUÍDEA: PODE ATINGIR CERCA DE 40 CENTÍMETROS DE ALTURA.
VITÓRIA-RÉGIA: PODE ATINGIR CERCA DE 2 METROS DE DIÂMETRO.

PARTES DAS PLANTAS

VOCÊ SABIA QUE O POVO INDÍGENA KALAPALO UTILIZA CAULES DE ÁRVORES PARA CONSTRUIR SUAS MORADIAS? AS COBERTURAS SÃO FEITAS COM FOLHAS DE ALGUMAS PALMEIRAS.

MORADIA DO POVO INDÍGENA KALAPALO EM CONSTRUÇÃO, EM QUERÊNCIA, MATO GROSSO, EM 2009.

O CAULE E AS FOLHAS SÃO ALGUMAS PARTES DAS PLANTAS. AS RAÍZES, AS FLORES, OS FRUTOS E AS SEMENTES SÃO OUTRAS PARTES QUE AS PLANTAS PODEM TER.

1. LIGUE CADA PARTE DA PLANTA AO LOCAL CORRESPONDENTE.

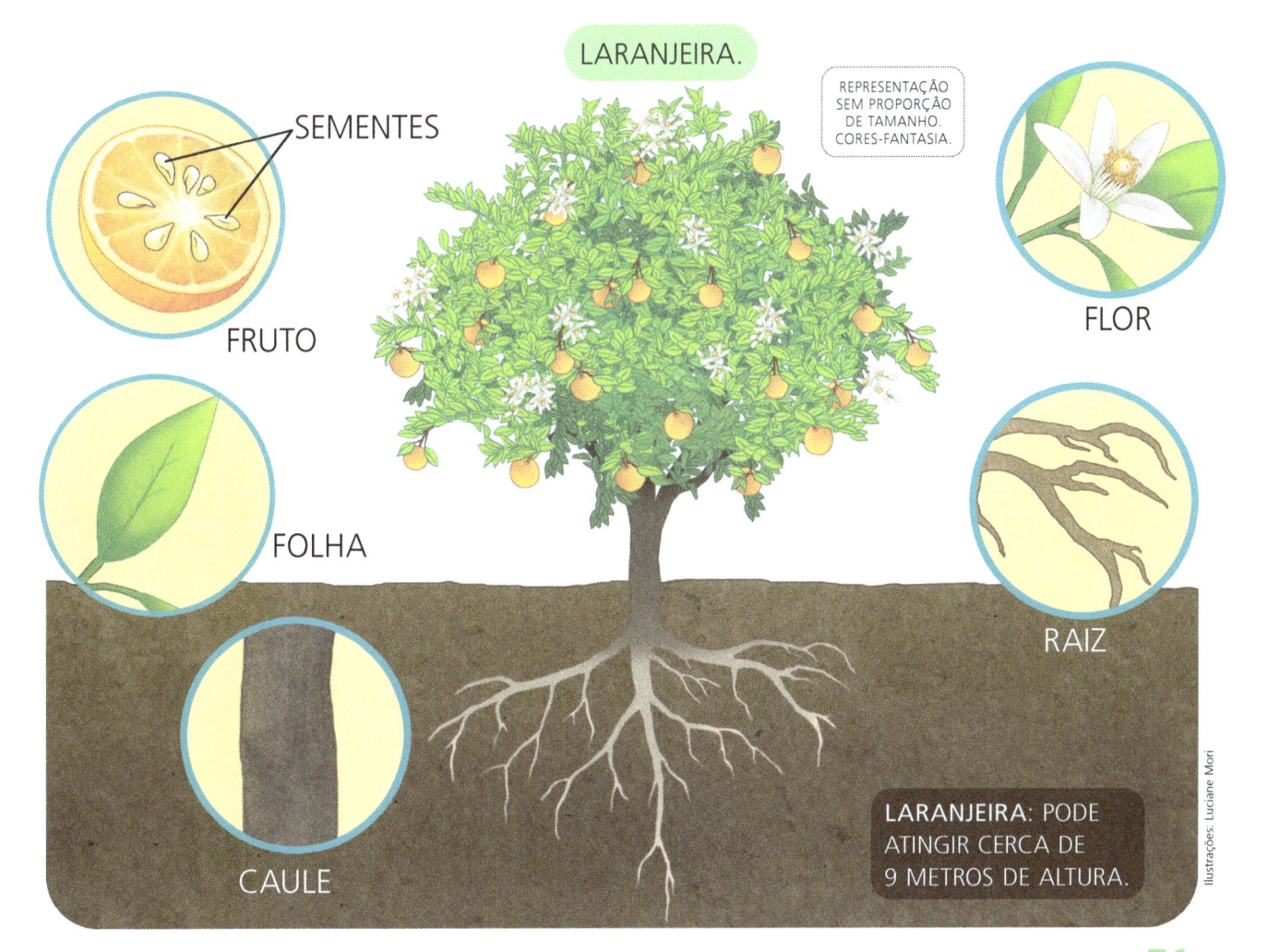

LARANJEIRA.

REPRESENTAÇÃO SEM PROPORÇÃO DE TAMANHO. CORES-FANTASIA.

SEMENTES

FRUTO

FLOR

FOLHA

RAIZ

CAULE

LARANJEIRA: PODE ATINGIR CERCA DE 9 METROS DE ALTURA.

SETENTA E UM **71**

> **QUE CURIOSO!**
>
> A SEQUOIA-GIGANTE É UMA DAS MAIORES ÁRVORES DO MUNDO. ELA PODE ATINGIR CERCA DE 94 METROS DE ALTURA.
>
> ESSA ESPÉCIE PODE SER ENCONTRADA NOS ESTADOS UNIDOS E NO CANADÁ.

SEQUOIA-GIGANTE.

PRATIQUE E APRENDA

1. NA CASA DA AVÓ DE ÉRICA HÁ UMA ÁRVORE CONHECIDA COMO MANGUEIRA. OBSERVE A CENA ABAIXO E DEPOIS MARQUE UM **X** NAS RESPOSTAS CORRETAS.

   A. EM QUE PARTE DA MANGUEIRA ÉRICA APOIA A CABEÇA?

   ◯ RAIZ. ◯ FOLHA. ◯ CAULE.

   B. QUAL PARTE DA MANGUEIRA GERALMENTE COMEMOS?

   ◯ FOLHA. ◯ FLOR.

   ◯ FRUTO.

   C. QUAL PARTE DA MANGUEIRA FIXA A PLANTA NO SOLO?

   ◯ RAIZ. ◯ CAULE.

   ◯ FOLHA.

   MANGUEIRA: PODE ATINGIR CERCA DE 30 METROS DE ALTURA.

   ÉRICA COMENDO UMA MANGA DEBAIXO DA MANGUEIRA.

2. OBSERVE A FOTO AO LADO. MARQUE UM **X** NA PARTE DESSA PLANTA QUE GERALMENTE COMEMOS.

- ① FOLHA.
- ② CAULE.
- ③ RAIZ.

CENOURA.

CENOURA: PODE ATINGIR CERCA DE 60 CENTÍMETROS DE ALTURA.

3. VOCÊ CONHECE OUTRA PLANTA DA QUAL GERALMENTE COMEMOS A PARTE CITADA NO ITEM ACIMA? QUAL?

APRENDA MAIS!

ESSE LIVRO É SOBRE AS PLANTAS. NELE, ALÉM DE CONHECER MUITAS CURIOSIDADES SOBRE ELAS, VOCÊ VAI SE DIVERTIR COLANDO ADESIVOS.

AS PLANTAS: PALAVRAS E ADESIVOS, DE FELICITY BROOKS E CAROLINE YOUNG. TRADUÇÃO DE DUDA PORTO DE SOUZA. SÃO PAULO: EDIÇÕES USBORNE, 2015.

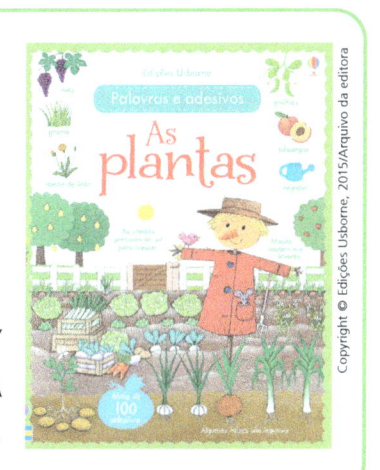

PONTO DE CHEGADA

1. PENSE EM DUAS PLANTAS QUE VOCÊ OBSERVA EM SEU COTIDIANO. CITE UMA DIFERENÇA E UMA SEMELHANÇA ENTRE ELAS.
2. CITE AS PARTES QUE UMA PLANTA PODE TER.
3. ONDE PODEMOS ENCONTRAR PLANTAS?

UNIDADE 7 — O DIA E A NOITE

ESTÁDIO DO MARACANÃ AO ANOITECER, NO RIO DE JANEIRO, EM 2010.

PONTO DE PARTIDA

1. O QUE ESTÁ ACONTECENDO COM O SOL NO AMBIENTE DESTA FOTO?
2. COMO FICOU ESSE AMBIENTE 2 HORAS APÓS A FOTO TER SIDO REGISTRADA?
3. O QUE ILUMINAVA ESSE AMBIENTE 2 HORAS ANTES DA FOTO?

O CÉU DURANTE O DIA E DURANTE A NOITE

OBSERVE AS IMAGENS A SEGUIR.

IMAGENS SEM PROPORÇÃO ENTRE SI.

A

B

1. O QUE VOCÊ OBSERVOU NO CÉU DA FOTO **A**?

2. O QUE VOCÊ OBSERVOU NO CÉU DA FOTO **B**?

3. ESCREVA NOS QUADROS ABAIXO A LETRA DA FOTO REGISTRADA:

( ) NO PERÍODO DO DIA.   ( ) NO PERÍODO DA NOITE.

4. O QUE VOCÊ OBSERVOU NAS IMAGENS DA PÁGINA ANTERIOR PARA RESPONDER À QUESTÃO 3?

O DIA PODE SER DIVIDIDO EM PERÍODO DO DIA E PERÍODO DA NOITE.

1 O PERÍODO DO DIA INICIA QUANDO O SOL SURGE NO HORIZONTE.

2 NO PERÍODO DO DIA, PODEMOS OBSERVAR A LUZ SOLAR ILUMINANDO DIRETAMENTE OS AMBIENTES.

PRAIA DO FORNO, EM ARRAIAL DO CABO, RIO DE JANEIRO, EM 2017.

PRAIA DE UBATUBA, SÃO PAULO, EM 2015.

3 QUANDO O SOL SE PÕE NO HORIZONTE, INICIA O PERÍODO DA NOITE.

4 À NOITE NÃO PODEMOS OBSERVAR A LUZ SOLAR ILUMINANDO DIRETAMENTE OS AMBIENTES.

PONTAL DO ATALAIA, EM ARRAIAL DO CABO, RIO DE JANEIRO, EM 2017.

MUNICÍPIO DE CAMBUQUIRA, MINAS GERAIS, EM 2016.

O PERÍODO DA NOITE TERMINA QUANDO O SOL SURGE NO HORIZONTE NOVAMENTE, INICIANDO UM NOVO DIA.

PRATIQUE E APRENDA

1. PINTE ESTA CENA.

A. QUAIS ATIVIDADES VOCÊ COSTUMA FAZER PELA MANHÃ, LOGO QUE ACORDA?

B. DECIFRE O CÓDIGO E COMPLETE A FRASE A SEGUIR.

A CADA DIA, AO

O AMBIENTE COMEÇA A SER ILUMINADO PELA LUZ SOLAR.

2. PENSE EM UM LUGAR QUE VOCÊ COSTUMA FREQUENTAR. AGORA, DESENHE ESSE AMBIENTE NOS ESPAÇOS ABAIXO, REPRESENTANDO-O:

DURANTE O DIA.

DURANTE A NOITE.

- QUE RECURSOS VOCÊ USOU PARA DIFERENCIAR QUANDO É DIA E QUANDO É NOITE?

VAMOS INVESTIGAR

REFLETIR E UTILIZAR A IMAGINAÇÃO E A CRIATIVIDADE PARA ANALISAR SITUAÇÕES, COMO VOCÊ FEZ AO REPRESENTAR O DIA E A NOITE, NOS AJUDA A DESENVOLVER O PENSAMENTO CIENTÍFICO.

O SOL E O PERÍODO DO DIA

VEJA ABAIXO ALGUNS MOMENTOS DO DIA DE JENIFER.

1. CIRCULE AS IMAGENS QUE SE REFEREM AO PERÍODO DO DIA.

ÀS 7 HORAS DA MANHÃ, JENIFER CHEGA À ESCOLA.

ÀS 2 HORAS DA TARDE, JENIFER FAZ SUA TAREFA DE CASA.

ÀS 5 HORAS DA TARDE, JENIFER VOLTA DO TREINO DE FUTEBOL.

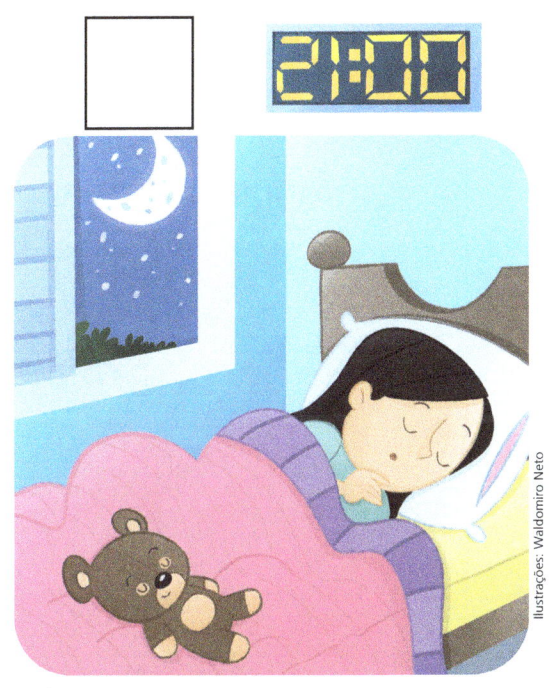

ÀS 9 HORAS DA NOITE, JENIFER VAI DORMIR.

O PERÍODO DO DIA TEM INÍCIO QUANDO O SOL APARECE NO HORIZONTE E TERMINA COM O PÔR DO SOL.

O PERÍODO DO DIA PODE SER DIVIDIDO EM MANHÃ E TARDE E É SEGUIDO PELO PERÍODO DA NOITE.

2. PINTE O QUADRINHO DE CADA UMA DAS IMAGENS DA PÁGINA ANTERIOR DE ACORDO COM A LEGENDA ABAIXO.

🟡 MANHÃ   🔴 TARDE   🔵 NOITE

OS PERÍODOS DA MANHÃ, DA TARDE E DA NOITE FORMAM UM DIA.

UM DIA		
PERÍODO DO DIA		PERÍODO DA NOITE
MANHÃ	TARDE	NOITE
PODEMOS PERCEBER A LUZ SOLAR ILUMINANDO DIRETAMENTE OS AMBIENTES.		NÃO PODEMOS PERCEBER A LUZ SOLAR ILUMINANDO DIRETAMENTE OS AMBIENTES.

UM DIA TEM 24 HORAS. AO LONGO DESSE TEMPO, REALIZAMOS DIVERSAS ATIVIDADES, ASSIM COMO JENIFER.

3. MARQUE UM X NO PERÍODO DO DIA EM QUE VOCÊ REALIZA CADA UMA DAS ATIVIDADES.

ATIVIDADE	DIA	NOITE
ESCOVAR OS DENTES		
FAZER A TAREFA ESCOLAR		
JANTAR		
DORMIR		
ALMOÇAR		
IR À ESCOLA		

O TEMPO PASSA

JENIFER REALIZOU DIFERENTES ATIVIDADES AO LONGO DE UM DIA. AGORA É SUA VEZ DE CONTAR SOBRE SUAS ATIVIDADES DIÁRIAS.

4. PREENCHA OS RELÓGIOS ABAIXO COM O HORÁRIO DO DIA, APROXIMADO, EM QUE VOCÊ REALIZA CADA UMA DAS ATIVIDADES.

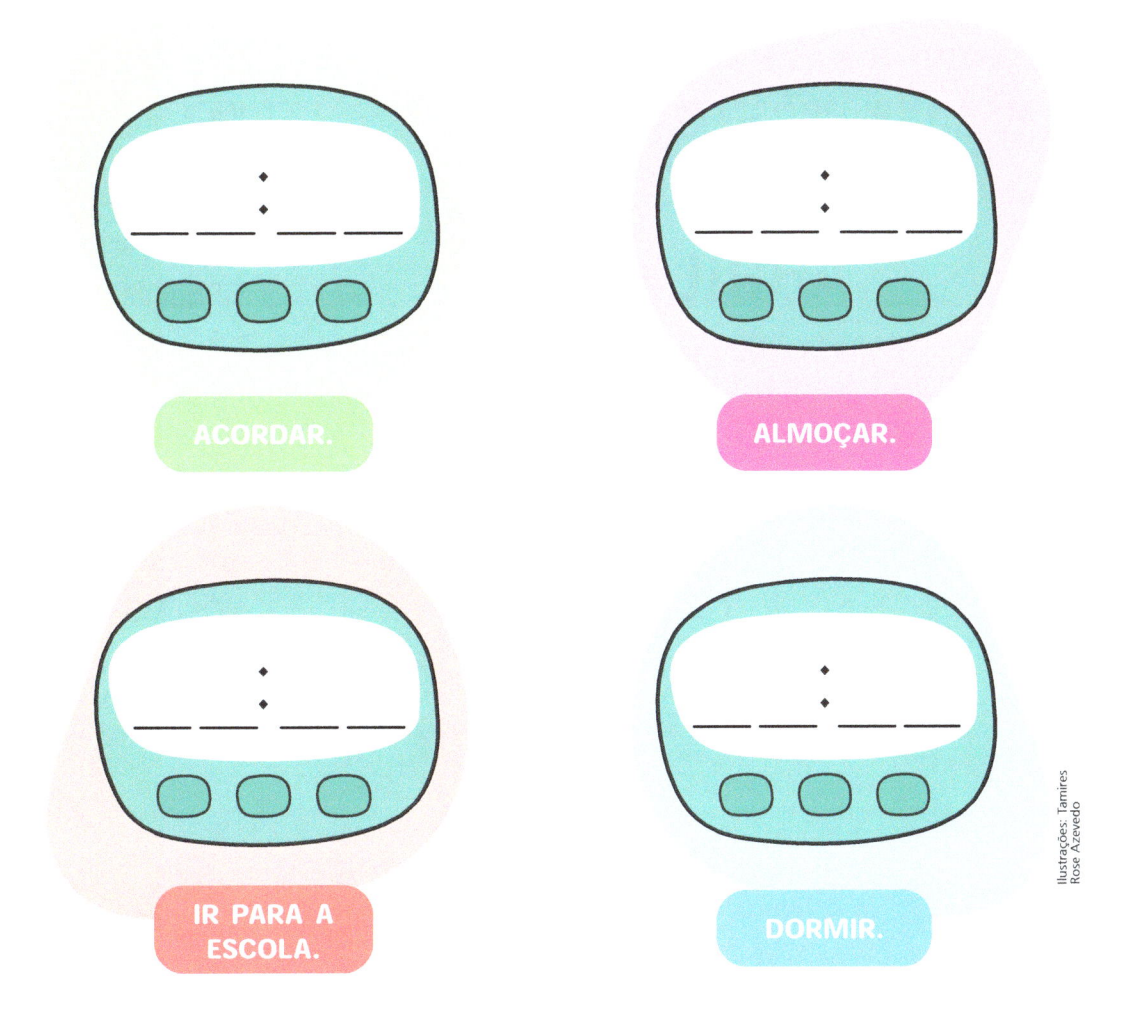

ACORDAR.

ALMOÇAR.

IR PARA A ESCOLA.

DORMIR.

A CONTAGEM DAS HORAS DO DIA AJUDA AS PESSOAS A ORGANIZAREM SUAS ATIVIDADES DIÁRIAS.

PODEMOS CONSULTAR AS HORAS DE UM DIA UTILIZANDO UM RELÓGIO.

RELÓGIO MARCANDO 8 HORAS.

5. COMO VOCÊ ACHA QUE PODEMOS CONTAR OS DIAS E OS MESES?

PARA ORGANIZAR SEUS AFAZERES, AS PESSOAS TAMBÉM CONTAM OS DIAS, OS MESES E OS ANOS. EM GERAL, ESSA CONTAGEM É FEITA POR MEIO DO CALENDÁRIO.

AGORA, VAMOS CONHECER UM DOS CALENDÁRIOS MAIS UTILIZADOS NO BRASIL E NO MUNDO, O CALENDÁRIO GREGORIANO.

CALENDÁRIO 2020

ABRIL

DOM	SEG	TER	QUA	QUI	SEX	SÁB
			1	2	3	4
5	6	7	8	9	10	11
12	13	14	15	16	17	18
19	20	21	22	23	24	25
26	27	28	29	30		

10 - Paixão de Cristo
12 - Páscoa
21 - Tiradentes

CALENDÁRIO DO MÊS DE ABRIL DE 2020.

INDICA O **ANO** A QUE SE REFERE O CALENDÁRIO. NO CALENDÁRIO GREGORIANO, UM ANO É FORMADO POR 12 MESES: JANEIRO, FEVEREIRO, MARÇO, ABRIL, MAIO, JUNHO, JULHO, AGOSTO, SETEMBRO, OUTUBRO, NOVEMBRO E DEZEMBRO. ELE PODE TER 365 OU 366 DIAS.

INDICA O **MÊS** EM QUE ESTAMOS. UM MÊS PODE TER 30 OU 31 DIAS, EXCETO FEVEREIRO, QUE TEM 28 OU 29 DIAS.

INDICA UMA **SEMANA**. CADA SEMANA É FORMADA POR SETE DIAS: DOMINGO, SEGUNDA-FEIRA, TERÇA-FEIRA, QUARTA-FEIRA, QUINTA-FEIRA, SEXTA-FEIRA E SÁBADO.

INDICA O **DIA**. CADA DIA TEM 24 HORAS.

PRATIQUE E APRENDA

1. OBSERVE A POSIÇÃO DO SOL NA CENA **A**, EM DETERMINADA REGIÃO DO BRASIL E EM CERTA ÉPOCA DO ANO.

7 HORAS DA MANHÃ.

A. DESENHE O SOL NA POSIÇÃO CORRETA NA CENA **B**.

6 HORAS DA TARDE.

B. VOCÊ ACHA QUE O SOL DEVE APARECER NO CÉU DA CENA **C**? EM CASO AFIRMATIVO, DESENHE O SOL NA POSIÇÃO CORRETA.

9 HORAS DA NOITE.

2. NO DIA 3 DE JUNHO, ANA OBSERVOU O CALENDÁRIO E VIU QUE HAVIA CIRCULADO A DATA DE ANIVERSÁRIO DE SUA MÃE. VEJA.

CALENDÁRIO 2020

JUNHO

DOM	SEG	TER	QUA	QUI	SEX	SÁB
	1	2	3	4	5	6
7	8	9	10	11	12	13
14	15	16	17	18	19	20
21	22	23	24	25	26	27
28	29	30				

11 - Corpus Christi

Camila Carmona

A. QUAL É O DIA DO ANIVERSÁRIO DA MÃE DE ANA?

_____

B. TRACE UMA LINHA LIGANDO OS PONTOS E DESCUBRA 3 NÚMEROS. EM SEGUIDA, CIRCULE O NÚMERO QUE INDICA QUANTOS DIAS COMPLETOS FALTAM PARA O ANIVERSÁRIO DA MÃE DE ANA.

DICA SIGA AS SETAS PARA LIGAR OS PONTOS.

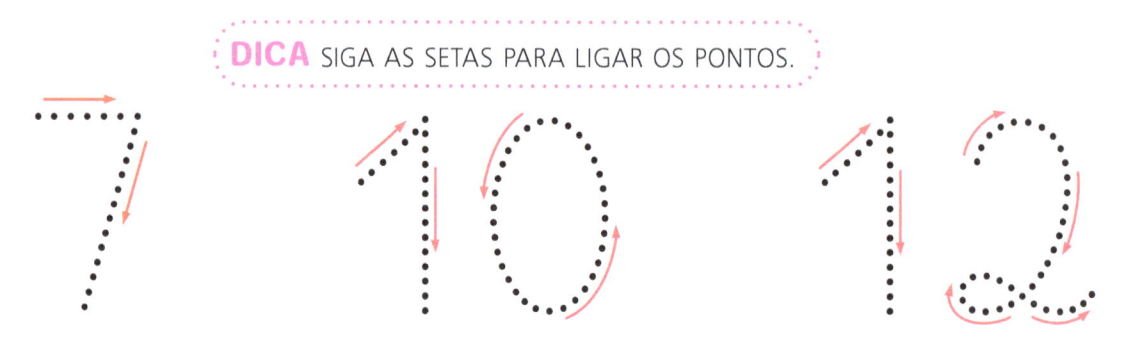

7   10   12

C. CIRCULE ABAIXO O DIA DA SEMANA EM QUE FOI OU SERÁ SEU ANIVERSÁRIO NESTE ANO. SE NECESSÁRIO, CONSULTE UM CALENDÁRIO.

DOMINGO   SEGUNDA-FEIRA   TERÇA-FEIRA   QUARTA-FEIRA

QUINTA-FEIRA   SEXTA-FEIRA   SÁBADO

D. CIRCULE ABAIXO O DIA DA SEMANA EM QUE SERÁ SEU ANIVERSÁRIO NO PRÓXIMO ANO.

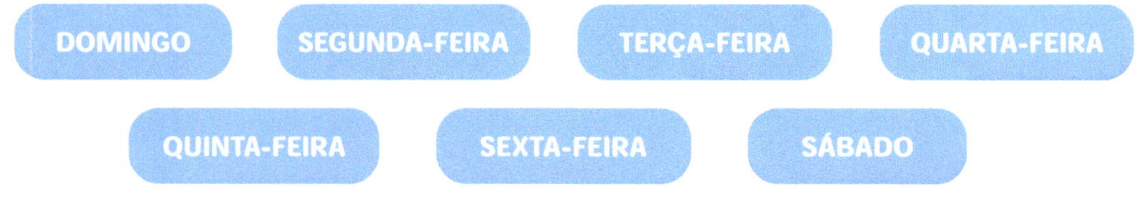

DOMINGO   SEGUNDA-FEIRA   TERÇA-FEIRA   QUARTA-FEIRA

QUINTA-FEIRA   SEXTA-FEIRA   SÁBADO

O DIA, A NOITE E AS ATIVIDADES COTIDIANAS

1. AS ATIVIDADES QUE OBSERVAMOS EM UM BAIRRO NO PERÍODO DO DIA SÃO AS MESMAS QUE OBSERVAMOS NO PERÍODO DA NOITE?

NO BAIRRO ONDE ANA CLÁUDIA MORA, EXISTEM ALGUMAS LOJAS E UMA PRAÇA. ELA ADORA ANDAR DE BICICLETA NA PRAÇA DURANTE O DIA.

BAIRRO DE ANA CLÁUDIA NO PERÍODO DO DIA.

REPRESENTAÇÃO SEM PROPORÇÃO DE TAMANHO. CORES-FANTASIA.

2. CITE ATIVIDADES QUE AS PESSOAS ESTÃO REALIZANDO NA CENA **A**.

3. QUAIS ATIVIDADES DO COMÉRCIO ESTÃO FUNCIONANDO NA CENA **A**?

4. O QUE ESTÁ ILUMINANDO O AMBIENTE DA PRAÇA DA CENA **A**?

À NOITE, ANA CLAUDIA BRINCA EM SUA CASA. NESSE PERÍODO, AS ATIVIDADES DO BAIRRO SÃO DIFERENTES DAS ATIVIDADES DO PERÍODO DIURNO.

REPRESENTAÇÃO SEM PROPORÇÃO DE TAMANHO. CORES-FANTASIA.

BAIRRO DE ANA CLÁUDIA NO PERÍODO DA NOITE.

5. CITE ATIVIDADES QUE AS PESSOAS ESTÃO REALIZANDO NA CENA **B**.

6. QUE ATIVIDADES DO COMÉRCIO ESTÃO FUNCIONANDO NA CENA **B**?

7. O QUE ESTÁ ILUMINANDO O AMBIENTE DA PRAÇA NA CENA **B**?

OS AMBIENTES PODEM SER DIFERENTES DURANTE O DIA E DURANTE A NOITE.

AS ATIVIDADES DO SER HUMANO E DE OUTROS ANIMAIS TAMBÉM PODEM SER DIFERENTES EM CADA UM DESSES PERÍODOS.

ALGUNS ANIMAIS, COMO O SINIMBU, REALIZAM A MAIOR PARTE DE SUAS ATIVIDADES DURANTE O DIA. ELES SÃO CONHECIDOS COMO **ANIMAIS DE HÁBITOS DIURNOS**.

SINIMBU: PODE ATINGIR CERCA DE 1 METRO DE COMPRIMENTO.

SINIMBU.

JÁ OS GAMBÁS SÃO ANIMAIS QUE REALIZAM A MAIOR PARTE DE SUAS ATIVIDADES NO PERÍODO DA NOITE. ELES SÃO CONHECIDOS COMO **ANIMAIS DE HÁBITOS NOTURNOS**.

GAMBÁ: PODE ATINGIR CERCA DE 92 CENTÍMETROS DE COMPRIMENTO.

GAMBÁ.

HÁ TAMBÉM ANIMAIS QUE REALIZAM SUAS ATIVIDADES DURANTE O DIA E DURANTE A NOITE, COMO O TAMANDUÁ-BANDEIRA.

TAMANDUÁ-BANDEIRA: PODE ATINGIR CERCA DE 2 METROS DE COMPRIMENTO.

TAMANDUÁ-BANDEIRA.

POR DENTRO DO TEMA

EDUCAÇÃO AMBIENTAL

REDUZINDO O DESPERDÍCIO DE ENERGIA ELÉTRICA

VOCÊ SABIA QUE, PARA GERAR A ENERGIA ELÉTRICA, MUITAS VEZES O SER HUMANO PREJUDICA O AMBIENTE? O ALAGAMENTO DE GRANDES ÁREAS PARA A CONSTRUÇÃO DAS USINAS HIDRELÉTRICAS E A LIBERAÇÃO DE GASES QUE POLUEM O AMBIENTE NAS USINAS TERMELÉTRICAS SÃO ALGUNS DESSES PREJUÍZOS.

EVITAR O DESPERDÍCIO DE ENERGIA ELÉTRICA TAMBÉM AJUDA A REDUZIR OS PREJUÍZOS AO AMBIENTE.

TOMAR BANHOS RÁPIDOS E MANTER AS LÂMPADAS E OS APARELHOS ELÉTRICOS DESLIGADOS QUANDO NÃO ESTÃO SENDO UTILIZADOS SÃO ALGUMAS DICAS PARA EVITAR O DESPERDÍCIO.

A. VOCÊ APROVEITA A LUZ SOLAR PARA ILUMINAR OS AMBIENTES EM QUE ESTÁ DURANTE O DIA? DE QUE FORMA VOCÊ FAZ ISSO?

B. VOCÊ ACHA QUE ESSA ATITUDE AJUDA A EVITAR O DESPERDÍCIO DE ENERGIA ELÉTRICA? POR QUÊ?

VAMOS NOS CONECTAR

OBTER INFORMAÇÕES CONFIÁVEIS NOS AJUDA A DEFENDER IDEIAS E A TOMAR DECISÕES QUE CONTRIBUEM PARA CONSUMIR DE FORMA CONSCIENTE E CONSERVAR O AMBIENTE.

> VOU ABRIR AS CORTINAS PARA QUE A LUZ SOLAR ENTRE PELA JANELA.

PRATIQUE E APRENDA

REPRESENTAÇÕES SEM PROPORÇÃO DE TAMANHO. CORES-FANTASIA.

1. VEJA AS CENAS A SEGUIR.

- AGORA, DE ACORDO COM AS CENAS, ESCREVA, NOS QUADRINHOS AO LADO DOS NOMES DOS ANIMAIS, **D** PARA ANIMAL DIURNO E **N** PARA ANIMAL NOTURNO.

◯ MORCEGO. ◯ BORBOLETA.

◯ BEIJA-FLOR. ◯ CORUJA.

2. LIGUE O SOL AOS OBJETOS QUE COSTUMAMOS USAR DURANTE O DIA.

ÓCULOS DE SOL.

SOL.

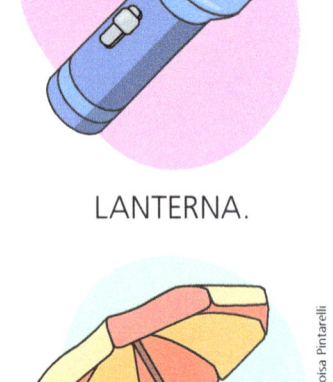

LANTERNA.

GUARDA-SOL.

Ilustrações: Heloísa Pintarelli

- TEVE ALGUM OBJETO QUE VOCÊ NÃO LIGOU AO SOL? EM CASO AFIRMATIVO, CONTE O MOTIVO AOS COLEGAS.

PONTO DE CHEGADA

1. CITE UMA ATIVIDADE QUE VOCÊ REALIZA DURANTE A MANHÃ, UMA DURANTE A TARDE E OUTRA DURANTE A NOITE.

2. PEÇA UM CALENDÁRIO A UM ADULTO E IDENTIFIQUE O MÊS DO SEU ANIVERSÁRIO, A SEMANA E O DIA.

3. PENSE EM SEU BAIRRO. AS ATIVIDADES QUE OCORREM NELE DURANTE O DIA SÃO DIFERENTES DAS QUE OCORREM DURANTE A NOITE? EXPLIQUE SUA RESPOSTA.

UNIDADE 8
OBJETOS E MATERIAIS

PONTO DE PARTIDA

1. O QUE A CRIANÇA ESTÁ FAZENDO?

2. O QUE ESTÁ AJUDANDO A CRIANÇA A REALIZAR A ATIVIDADE?

NOVENTA E UM 91

OS OBJETOS QUE UTILIZO

RAONI MORA NA COMUNIDADE INDÍGENA KAMAIURÁ, NO ALTO DO XINGU, NO MATO GROSSO.

1. AJUDE RAONI A ENCONTRAR UM DE SEUS BRINQUEDOS FAVORITOS. PARA ISSO, DESTAQUE OS **ADESIVOS** DA PÁGINA **123** QUE COMPLETAM O QUEBRA-CABEÇA ABAIXO E COLE-OS NOS LOCAIS ADEQUADOS.

RAONI.

A. VOCÊ JÁ CONHECIA O BRINQUEDO DE RAONI? QUAL É O NOME DESSE BRINQUEDO?

B. QUE BRINQUEDOS VOCÊ COSTUMA UTILIZAR EM SUAS BRINCADEIRAS?

OBSERVE ALGUNS OBJETOS QUE LARISSA UTILIZA EM SEU DIA A DIA.

2. LIGUE CADA OBJETO À SUA FUNÇÃO.

IMAGENS SEM PROPORÇÃO ENTRE SI.

LARISSA.

PENTE.

CADEIRA.

GARFO.

LEVAR O ALIMENTO À BOCA.

PENTEAR OS CABELOS.

SENTAR.

ASSIM COMO LARISSA, NO DIA A DIA UTILIZAMOS DIVERSOS OBJETOS. ELES FORAM FEITOS PARA AUXILIAR NAS ATIVIDADES QUE REALIZAMOS.

PRATIQUE E APRENDA

1. OBSERVE AS IMAGENS ABAIXO.

A. MARQUE UM **X** NOS OBJETOS QUE EXISTEM EM SUA SALA DE AULA.

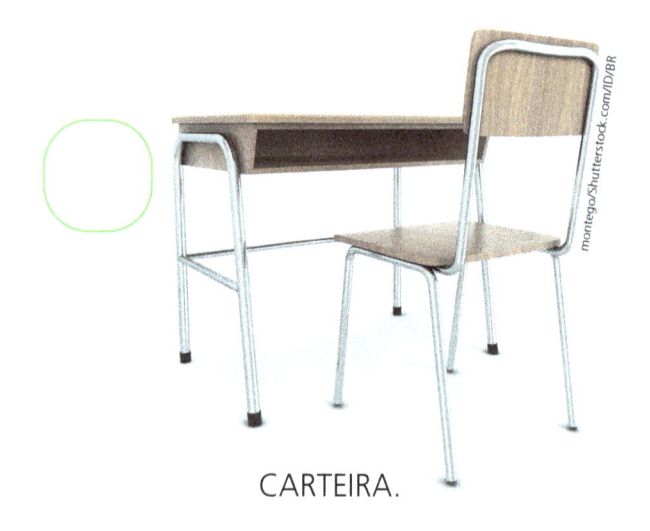

IMAGENS SEM PROPORÇÃO ENTRE SI.

CARTEIRA.

LOUSA.

LIXEIRA.

GELADEIRA.

B. AGORA, CIRCULE OS OBJETOS QUE PODEM SER ENCONTRADOS EM UMA COZINHA.

C. ASSINALE O ITEM QUE PODE SER ENCONTRADO TANTO NA COZINHA QUANTO NA SALA DE AULA.

◯ LOUSA.   ◯ GELADEIRA.   ◯ LIXEIRA.

2. CIRCULE O OBJETO QUE NÃO UTILIZAMOS PARA PREPARAR OS ALIMENTOS OU EM NOSSAS REFEIÇÕES.

IMAGENS SEM PROPORÇÃO ENTRE SI.

FOGÃO.

VASILHA.

CAMA.

LIQUIDIFICADOR.

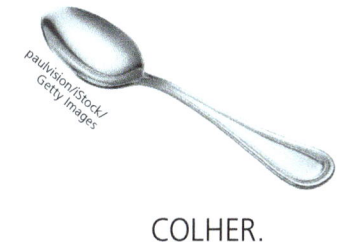

PRATO.

COLHER.

A. PARA QUE SERVE O OBJETO QUE VOCÊ CIRCULOU?

B. CONVERSE COM OS COLEGAS SOBRE AS FUNÇÕES DOS OBJETOS QUE VOCÊ NÃO CIRCULOU.

DO QUE OS OBJETOS SÃO FEITOS?

PLÁSTICO, MADEIRA, METAL, PAPEL. OS OBJETOS PODEM SER FEITOS DE DIFERENTES MATERIAIS.

1. COMPLETE OS ESPAÇOS COM AS VOGAIS QUE FALTAM E DESCUBRA OS MATERIAIS DE QUE SÃO FEITOS ALGUNS OBJETOS.

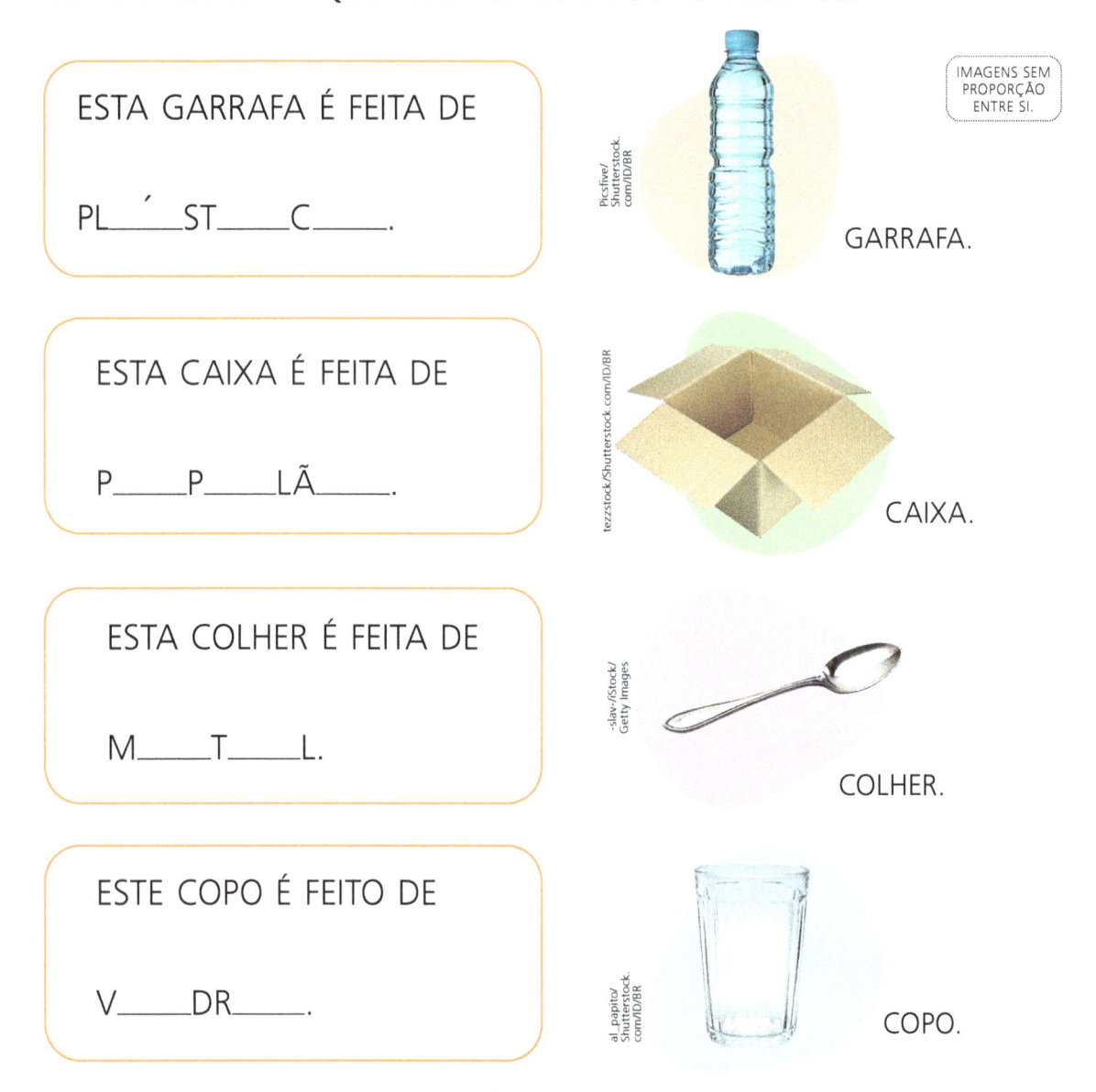

ESTA GARRAFA É FEITA DE

PL__Á__ST__I__C__O__.

GARRAFA.

IMAGENS SEM PROPORÇÃO ENTRE SI.

ESTA CAIXA É FEITA DE

P__A__P__E__LÃ__O__.

CAIXA.

ESTA COLHER É FEITA DE

M__E__T__A__L.

COLHER.

ESTE COPO É FEITO DE

V__I__DR__O__.

COPO.

2. MARQUE UM **X** NO QUE VOCÊ PODE CONCLUIR OBSERVANDO ESSAS IMAGENS.

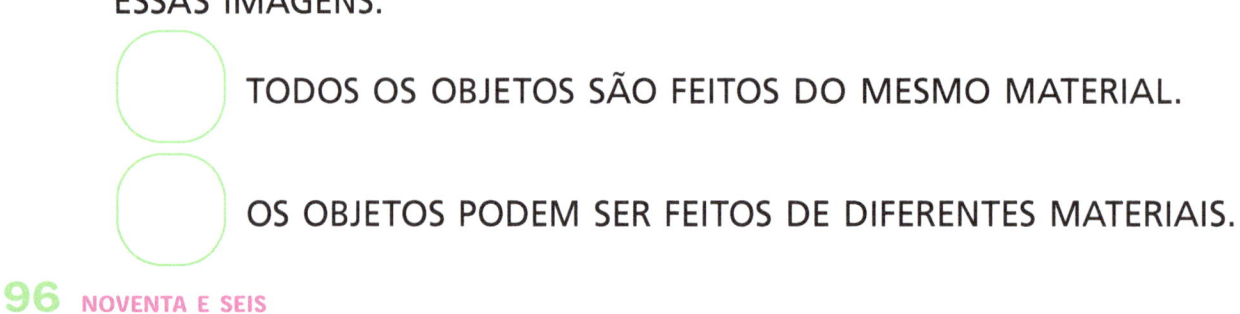

( ) TODOS OS OBJETOS SÃO FEITOS DO MESMO MATERIAL.

( ) OS OBJETOS PODEM SER FEITOS DE DIFERENTES MATERIAIS.

ESTE PNEU É FEITO DE

B__RR__CH__.

PNEU DE CARRO.

ESTA MESA É FEITA DE

M__D__IR__.

MESA.

ESTA TIGELA É FEITA DE

ARG__L__.

TIGELA.

ESTA CAMISETA É FEITA DE

ALG__DÃ__.

CAMISETA.

COMO VOCÊ PÔDE PERCEBER, OS OBJETOS QUE UTILIZAMOS NO DIA A DIA PODEM SER FEITOS DE DIFERENTES MATERIAIS.

3. CITE OUTROS OBJETOS QUE SÃO FEITOS DE:

- METAL.
- ARGILA.
- MADEIRA.
- PLÁSTICO.

OS MATERIAIS UTILIZADOS NA FABRICAÇÃO DE OBJETOS APRESENTAM DIFERENTES CARACTERÍSTICAS. VEJA A SEGUIR ALGUMAS DELAS.

O PLÁSTICO É UM MATERIAL FLEXÍVEL, QUE PODE SER MOLDADO DE DIFERENTES FORMAS. ELE É UTILIZADO NA FABRICAÇÃO DE DIVERSOS OBJETOS, COMO GARRAFAS E SACOLAS.

IMAGENS SEM PROPORÇÃO ENTRE SI.

- SACOLA
- PRATO
- FACAS
- COLHERES
- GARFOS
- GARRAFA
- COPOS
- TAMPA DE GARRAFA

OBJETOS FEITOS DE PLÁSTICO.

O METAL É UM MATERIAL QUE PODE SER MOLDADO PARA A FABRICAÇÃO DE DIFERENTES OBJETOS. ELE PODE SER AQUECIDO, POR ISSO É USADO EM PANELAS, TALHERES E FERROS DE PASSAR ROUPAS.

- FERRO DE PASSAR ROUPAS
- PANELA
- TALHERES

OBJETOS FEITOS COM METAL.

O VIDRO É UM MATERIAL DURO E TRANSPARENTE. ELE É UTILIZADO NA FABRICAÇÃO DE OBJETOS COMO COPOS, GARRAFAS, PORTAS E JANELAS.

- GARRAFAS
- COPO

OBJETOS FEITOS COM VIDRO.

POR DENTRO DO TEMA

CIÊNCIA E TECNOLOGIA

PROTEGENDO O CORPO

TERESA TEM 12 ANOS DE IDADE E ADORA PASSEAR DE MOTO COM SEU PAI.

PRIMEIRAMENTE, PRECISAMOS COLOCAR OS CAPACETES. ESSES SÃO FEITOS DE FIBRA DE CARBONO.

A. QUE CARACTERÍSTICA VOCÊ ACHA QUE ESSE MATERIAL DEVE TER PARA SER UTILIZADO NA FABRICAÇÃO DE CAPACETES?

AO FABRICAR ALGUNS PRODUTOS, O SER HUMANO SENTIU A NECESSIDADE DE DESENVOLVER UM MATERIAL QUE FOSSE LEVE E MUITO RESISTENTE. APÓS MUITOS ESTUDOS, FOI DESENVOLVIDA A FIBRA DE CARBONO.

POR SER LEVE E RESISTENTE, A FIBRA DE CARBONO É UTILIZADA NA FABRICAÇÃO DE OBJETOS COMO CELULARES, COMPUTADORES, CAPACETES E PEÇAS DE AVIÕES E DE CARROS PARA AUTOMOBILISMO.

O DESENVOLVIMENTO DESSAS NOVAS TECNOLOGIAS PODE FACILITAR A REALIZAÇÃO DE ATIVIDADES COTIDIANAS E CONTRIBUIR PARA A SEGURANÇA DAS PESSOAS.

B. CITE UM OBJETO QUE DEVEMOS UTILIZAR AO ANDAR DE BICICLETA E QUE AJUDA A PROTEGER NOSSO CORPO.

ORIGEM DOS MATERIAIS

OS MATERIAIS GERALMENTE SÃO OBTIDOS DE RECURSOS EXTRAÍDOS DOS AMBIENTES. VEJA ABAIXO A ORIGEM DOS MATERIAIS UTILIZADOS NA FABRICAÇÃO DE ALGUNS OBJETOS.

IMAGENS SEM PROPORÇÃO ENTRE SI.

A — CARTEIRA
O COURO PODE SER OBTIDO DA PELE DE ALGUNS ANIMAIS, COMO O BOI.

B — LUVAS DE BORRACHA
A BORRACHA NATURAL É OBTIDA DE UM MATERIAL EXTRAÍDO DA SERINGUEIRA.

C — COPO DE VIDRO
O VIDRO É FEITO A PARTIR DA AREIA.

D — POTE DE PLÁSTICO
O PLÁSTICO É FEITO A PARTIR DO PETRÓLEO.

E — SACO DE PAPEL
O PAPEL É FEITO A PARTIR DA MADEIRA EXTRAÍDA DE ALGUMAS ÁRVORES, COMO O PÍNUS.

F — COLHER DE METAL
OS METAIS SÃO OBTIDOS DE COMPONENTES DO SOLO OU DE ROCHAS.

DIVIRTA-SE E APRENDA

AGORA, VAMOS BRINCAR COM O JOGO **DOMINÓ DOS MATERIAIS**. PARA ISSO, DESTAQUE AS PEÇAS DAS PÁGINAS **113** A **119** E SIGA AS INSTRUÇÕES DO PROFESSOR.

CUIDANDO DO AMBIENTE

A EXTRAÇÃO DE MATERIAIS DOS AMBIENTES E SEU PREPARO PARA A CONFECÇÃO DE OBJETOS PODE TRAZER ALGUNS PREJUÍZOS AO AMBIENTE.

POR ISSO, É PRECISO CONSUMIR OS OBJETOS DE FORMA CONSCIENTE, EVITANDO O DESPERDÍCIO, O QUE AJUDA A REDUZIR A EXTRAÇÃO DE MATERIAIS DA NATUREZA.

VEJA ALGUMAS ATITUDES QUE CONTRIBUEM PARA ISSO.

PREFERIR SACOLAS REUTILIZÁVEIS AO INVÉS DE SACOLAS DE PLÁSTICO DESCARTÁVEIS.

PESSOA CARREGANDO COMPRAS EM UMA SACOLA REUTILIZÁVEL.

REUTILIZAR OBJETOS QUE SERIAM DESCARTADOS.

CADEIRAS FEITAS DE PNEUS DE AUTOMÓVEIS.

COMPRAR APENAS O QUE REALMENTE FOR NECESSÁRIO.

CUIDAR DO AMBIENTE TAMBÉM ENVOLVE DESCARTAR OS OBJETOS E AS EMBALAGENS DE FORMA ADEQUADA.

ALGUNS MATERIAIS PODEM SER RECICLADOS, PODENDO SER UTILIZADOS NA FABRICAÇÃO DE NOVOS OBJETOS.

OS MATERIAIS QUE PODEM SER RECICLADOS DEVEM SER SEPARADOS PARA A COLETA SELETIVA, DE ACORDO COM O TIPO DE MATERIAL.

RESÍDUOS NÃO RECICLÁVEIS.

MATERIAIS RECICLÁVEIS.

LIXEIRAS DE COLETA SELETIVA EM LONDRINA, PARANÁ.

1. NO MUNICÍPIO ONDE VOCÊ MORA HÁ COLETA SELETIVA? SE SIM, SUA FAMÍLIA SEPARA OS RESÍDUOS PELO TIPO DE MATERIAL?

QUANDO ENCAMINHAMOS MATERIAIS PARA A RECICLAGEM, EVITAMOS QUE MAIS MATERIAIS SEJAM EXTRAÍDOS DA NATUREZA.

ALÉM DISSO, A RECICLAGEM EVITA QUE OBJETOS SEJAM DESCARTADOS NOS AMBIENTES E POLUAM ESSES LOCAIS.

POR DENTRO DO TEMA

CONSUMO CONSCIENTE

COMPRAR PARA QUÊ?

LEIA COM O PROFESSOR A HISTÓRIA EM QUADRINHOS A SEGUIR. MUITAS PESSOAS COMPRAM OBJETOS POR IMPULSO, SEM AVALIAR ANTES SE É REALMENTE NECESSÁRIO.

ALÉM DE PREJUÍZOS FINANCEIROS, COMPRAR POR IMPULSO FAZ COM QUE MAIS RECURSOS SEJAM RETIRADOS DO AMBIENTE E TAMBÉM QUE MAIS LIXO SEJA PRODUZIDO E LIBERADO NO AMBIENTE.

POR ISSO, ANTES DE COMPRAR QUALQUER OBJETO, É IMPORTANTE REFLETIR SE VOCÊ ESTÁ REALMENTE PRECISANDO DELE.

A. VOCÊ COSTUMA AGIR COMO O CEBOLINHA? ACHA QUE PRECISA MUDAR SEUS HÁBITOS DE CONSUMO?

B. PARA VOCÊ, É IMPORTANTE REFLETIR SE REALMENTE PRECISAMOS DE UM PRODUTO ANTES DE COMPRÁ-LO? POR QUÊ?

[...] TURMA DA MÔNICA: CONSUMO EXCESSIVO, DE MAURICIO DE SOUSA. *MEU BOLSO FELIZ*. DISPONÍVEL EM: <HTTP://MEUBOLSOFELIZ.COM.BR/ARTIGOS/TURMA-DA-MONICA-CONSUMO-EXCESSIVO-2/>. ACESSO EM: 24 NOV. 2017.

INVESTIGUE E APRENDA

"COMO VOCÊ ACHA QUE PODEMOS IDENTIFICAR OS MATERIAIS E AS DIFERENTES CARACTERÍSTICAS DOS OBJETOS COM OS OLHOS VENDADOS?"

VOU PRECISAR DE:

- VENDA PARA OS OLHOS;
- DIFERENTES OBJETOS DO COTIDIANO PRODUZIDOS COM DIFERENTES MATERIAIS.

A JUNTE-SE A TRÊS COLEGAS E CUBRAM OS OLHOS DE UM DE VOCÊS.

B DEEM UM OBJETO PARA O COLEGA QUE ESTÁ COM OS OLHOS VENDADOS. PEÇAM A ELE QUE SEGURE ESSE OBJETO COM AS MÃOS.

C SEU COLEGA DEVERÁ APALPAR O OBJETO E IDENTIFICAR AS CARACTERÍSTICAS DO MATERIAL DE QUE ELE É FEITO.

D EM SEGUIDA, PEÇAM A ESSE COLEGA QUE DIGA O NOME DO OBJETO E DO QUE ELE É FEITO.

E REALIZEM NOVAMENTE AS ETAPAS **B**, **C** E **D** COM OUTROS OBJETOS.

F REPITAM A ATIVIDADE TROCANDO A PESSOA QUE VAI ANALISAR OS OBJETOS. TODOS DEVEM PARTICIPAR DA ATIVIDADE.

RELATANDO O QUE OBSERVEI

1. QUE OBJETOS VOCÊ CONSEGUIU IDENTIFICAR?

2. ESCOLHA UM OBJETO E CITE UMA CARACTERÍSTICA DELE QUE VOCÊ CONSEGUIU IDENTIFICAR DE OLHOS VENDADOS.

3. DOS OBJETOS QUE VOCÊ MANUSEOU, QUAL É O MAIS MACIO?

4. QUAL TEM A SUPERFÍCIE MAIS ÁSPERA?

5. E QUAL DELES TEM A SUPERFÍCIE MAIS LISA?

6. ALGUM DOS OBJETOS MANUSEADOS É REDONDO? EM CASO AFIRMATIVO, DE QUE MATERIAL ELE É FEITO?

PRATIQUE E APRENDA

1. DESTAQUE OS **ADESIVOS** DA PÁGINA **123** E COLE-OS NOS COLETORES ABAIXO, SEPARANDO OS OBJETOS DE ACORDO COM O MATERIAL DE QUE SÃO FEITOS.

PAPEL

PLÁSTICO

VIDRO

METAL

2. ESCREVA A PRIMEIRA LETRA DE CADA IMAGEM E DESCUBRA O NOME DE UM MATERIAL.

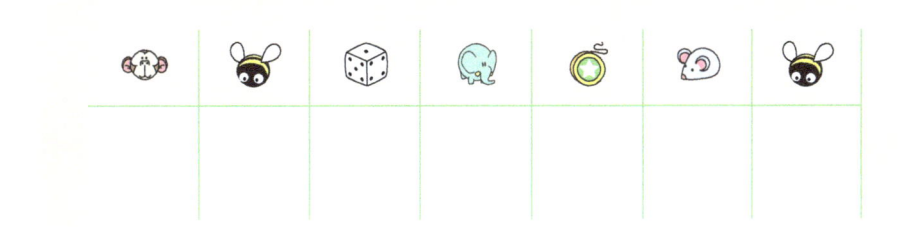

A. CIRCULE APENAS OS OBJETOS FEITOS DESSE MATERIAL.

IMAGENS SEM PROPORÇÃO ENTRE SI.

MOEDAS.

COLHER.

COLHER.

CARRINHO.

BALÃO DE FESTA.

B. MARQUE UM **X** NOS MATERIAIS QUE PODEM SER IDENTIFICADOS NOS OBJETOS ACIMA.

◯ MADEIRA. ◯ METAL. ◯ PLÁSTICO.

C. OBSERVE NOVAMENTE AS IMAGENS. VOCÊ ACHA QUE OBJETOS COM A MESMA FUNÇÃO PODEM SER FEITOS DE DIFERENTES MATERIAIS? CONVERSE COM UM COLEGA SOBRE O ASSUNTO.

3. ACOMPANHE AS DICAS ABAIXO E DESCUBRA DOIS OBJETOS.

A
- PODE SER DE METAL, PLÁSTICO OU OUTROS MATERIAIS.
- AJUDA A MANTER O AMBIENTE LIMPO.
- AS PESSOAS A UTILIZAM PARA COLOCAR O LIXO.
- DEVE SER UTILIZADA POR TODOS.

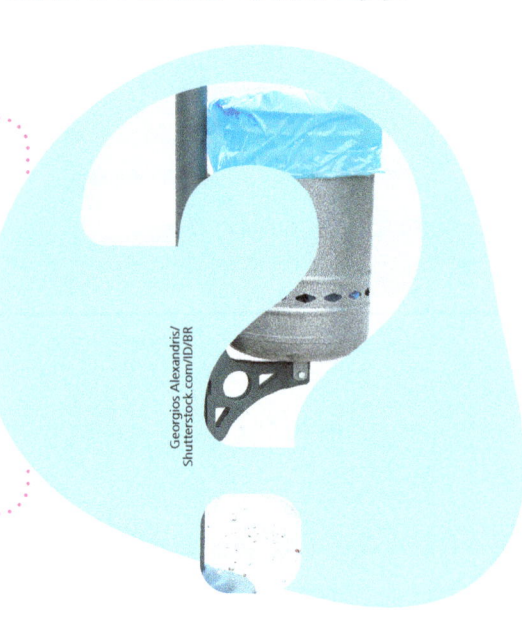

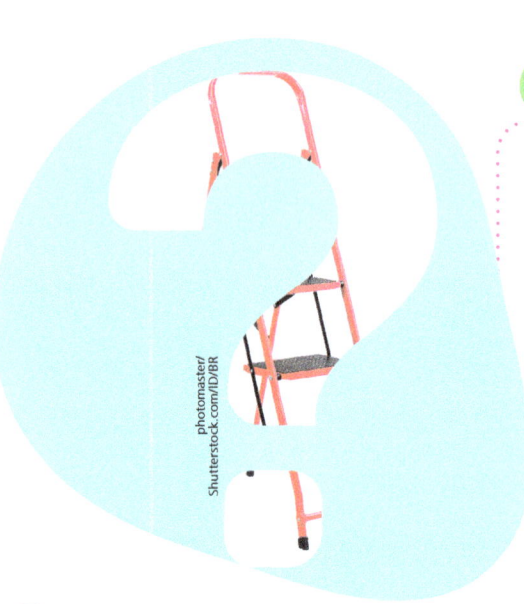

B
- PODE SER DE MADEIRA, METAL OU PLÁSTICO.
- SOMENTE ADULTOS DEVEM UTILIZAR.
- AJUDA A ALCANÇAR OUTROS OBJETOS QUE ESTÃO NO ALTO DE UMA ESTANTE.

PONTO DE CHEGADA

1. QUE OBJETO PODEMOS UTILIZAR EM CADA UM DOS CASOS ABAIXO? DESENHE ESSES OBJETOS EM SEU CADERNO.

A. PODE SER FEITO DE MADEIRA E METAL OU SÓ DE METAL E AUXILIA A FIXAR PREGOS NA PAREDE.

B. É FEITO PRINCIPALMENTE DE PLÁSTICO E AJUDA A REMOVER A SUJEIRA DOS DENTES.

2. AGORA É SUA VEZ! ELABORE ADIVINHAS COMO AS DA ATIVIDADE ANTERIOR. EM SEGUIDA, JUNTE-SE A UM COLEGA E DEIXE QUE ELE ADIVINHE OS OBJETOS.

GLOSSÁRIO

A

ABRIGO (P. 55) → LOCAL ONDE OS SERES HUMANOS E OUTROS ANIMAIS SE PROTEGEM DA CHUVA, DA LUZ SOLAR, DOS VENTOS E DE OUTROS ANIMAIS. AS TOCAS, AS CAVERNAS E AS CASAS SÃO EXEMPLOS DE ABRIGOS.

JOÃO-DE-BARRO: PODE ATINGIR CERCA DE 20 CENTÍMETROS DE COMPRIMENTO.

ABRIGO DA AVE CONHECIDA COMO JOÃO-DE-BARRO.

ALONGADO (P. 60) → CORPO QUE TEM SEU COMPRIMENTO MAIOR QUE A SUA ALTURA. A MINHOCA, POR EXEMPLO, TEM SEU CORPO ALONGADO. JÁ O OURIÇO-DO-MAR NÃO TEM O CORPO ALONGADO.

ARGILA (P. 97) → MATERIAL RETIRADO DO SOLO, QUE PODE SER UTILIZADO NA FABRICAÇÃO DE VASOS, ESCULTURAS, TIJOLOS, UTENSÍLIOS DOMÉSTICOS, ENTRE OUTROS OBJETOS.

ARTESÃO CONFECCIONANDO UM VASO DE ARGILA.

C

CARACTERÍSTICAS FÍSICAS (P. 9) → TRAÇOS QUE DIFERENCIAM VISUALMENTE OS OBJETOS, OS ANIMAIS, AS PLANTAS E OUTROS COMPONENTES DO AMBIENTE. A COR, O FORMATO, A TEXTURA E O TAMANHO SÃO ALGUMAS CARACTERÍSTICAS FÍSICAS.

CONSERVAR (P. 45) → TER CUIDADO COM ALGO, SEM DESTRUÍ-LO OU PREJUDICÁ-LO. POR EXEMPLO, PODEMOS CONSERVAR UM ALIMENTO QUANDO CUIDAMOS PARA MANTÊ-LO EM BOM ESTADO PARA O CONSUMO, COMO ARMAZENÁ-LO EM LOCAL ADEQUADO.

CRU (P. 45) → TERMO QUE SE REFERE A ALIMENTOS QUE NÃO FORAM COZIDOS POR MEIO DO FOGO OU OUTRA FONTE DE CALOR.

D

DESPERDÍCIO (P. 47) → CONSUMIR ALGO EM EXCESSO, DE FORMA NÃO CONSCIENTE, MUITAS VEZES DE MANEIRA DESNECESSÁRIA. POR EXEMPLO, AO COLOCAR OS ALIMENTOS NO PRATO EM UMA QUANTIDADE MAIOR DO QUE NECESSITAMOS CONSUMIR, OCORRE UM DESPERDÍCIO, POIS SOBRAM NO PRATO E SÃO DESCARTADOS NO LIXO.

DIVERSIDADE (P. 12) → CONJUNTO DE VALORES E DIFERENÇAS QUE OS SERES HUMANOS COMPARTILHAM NA VIDA SOCIAL. ESSAS DIFERENÇAS ENGLOBAM, POR EXEMPLO, A CULINÁRIA, AS TRADIÇÕES, OS COSTUMES, AS RELIGIÕES, A POLÍTICA, ENTRE OUTROS ASPECTOS CARACTERÍSTICOS DE INDIVÍDUOS QUE HABITAM DETERMINADO LUGAR.

DOENÇA (P. 41) → ESTADO EM QUE O CORPO APRESENTA ALTERAÇÕES QUE PODEM PREJUDICAR O SEU FUNCIONAMENTO. ALGUMAS DOENÇAS APRESENTAM SINTOMAS, COMO FEBRE OU DOR.

G

GRELHADO (P. 41) → TÉCNICA UTILIZADA NA CULINÁRIA QUE CONSISTE EM ASSAR OS ALIMENTOS EM UM OBJETO DE METAL, COMO A GRELHA, COM UMA FONTE DE CALOR ABAIXO DELE.

GRELHA

CARNE GRELHADA.

H

HIGIENE (P. 28) → CUIDADOS RELACIONADOS À LIMPEZA DO CORPO E DO AMBIENTE, QUE AJUDAM A MANTER A SAÚDE DO CORPO. TOMAR BANHO, ESCOVAR OS DENTES, CORTAR AS UNHAS E LAVAR AS MÃOS SÃO AÇÕES RELACIONADAS À HIGIENE DO CORPO.

HORIZONTE (P. 76) → LINHA QUE ACOMPANHA O CONTORNO DA TERRA, EM QUE O SOLO OU O MAR PARECEM UNIR-SE AO CÉU, E QUE LIMITA A PARTE DA SUPERFÍCIE DA TERRA QUE CONSEGUIMOS VISUALIZAR.

HORIZONTE

NASCER DO SOL NA PRAIA VERMELHA, RIO DE JANEIRO.

I

IDENTIDADE (P. 10) → CARACTERÍSTICAS PARTICULARES DE UMA PESSOA E QUE A TORNAM DIFERENTE DAS OUTRAS. A IDENTIDADE É CONSTRUÍDA AO LONGO DE NOSSA VIDA, A PARTIR DE NOSSAS EXPERIÊNCIAS E RELAÇÕES COM AS PESSOAS.

INDUSTRIALIZADO (P. 45) → OBJETOS E ALIMENTOS FABRICADOS POR MEIO DE PROCESSOS INDUSTRIAIS. ESSES PROCESSOS ENVOLVEM A UTILIZAÇÃO DE EQUIPAMENTOS MODERNOS E O TRABALHO DE DIVERSAS PESSOAS PARA TRANSFORMAR MATERIAIS EM PRODUTOS.

S

SAUDÁVEL (P. 11) → TUDO AQUILO QUE É BOM PARA A SAÚDE E PROPORCIONA O BEM-ESTAR DA PESSOA. POR EXEMPLO, DEVEMOS TER HÁBITOS SAUDÁVEIS, COMO UMA ALIMENTAÇÃO VARIADA, EM QUANTIDADE ADEQUADA, PRATICAR ATIVIDADE FÍSICA E BRINCAR COM OS AMIGOS.

SAÚDE (P. 24) → É UM ESTADO DE BEM-ESTAR FÍSICO, MENTAL E SOCIAL. UMA PESSOA SAUDÁVEL, ALÉM DE NÃO APRESENTAR DOENÇAS, SE RELACIONA BEM COM AS OUTRAS PESSOAS, TEM BOA DISPOSIÇÃO E CONDIÇÕES PARA REALIZAR AS ATIVIDADES DO DIA A DIA, ENTRE OUTROS FATORES.

U

USINAS HIDRELÉTRICAS (P. 88) → LOCAIS QUE GERAM A ENERGIA ELÉTRICA A PARTIR DO MOVIMENTO DA ÁGUA REPRESADA. A MAIOR PARTE DA ENERGIA ELÉTRICA UTILIZADA NO BRASIL É GERADA POR ESSE TIPO DE USINA. PARA A CONSTRUÇÃO DE USINAS HIDRELÉTRICAS É NECESSÁRIO ALAGAR GRANDES ÁREAS, PREJUDICANDO AS PLANTAS E OS ANIMAIS QUE ALI EXISTEM.

USINA HIDRELÉTRICA DE XINGÓ, ENTRE ALAGOAS E SERGIPE, EM 2016.

USINAS TERMELÉTRICAS (P. 88) → LOCAIS QUE GERAM A ENERGIA ELÉTRICA A PARTIR DO CALOR PROVENIENTE DA QUEIMA DE ALGUNS COMBUSTÍVEIS. GERALMENTE, ESSE TIPO DE USINA LIBERA NA ATMOSFERA GRANDE QUANTIDADE DE GASES POLUENTES, QUE PREJUDICAM OS SERES VIVOS.

USINA TERMELÉTRICA LOCALIZADA EM CANDIOTA, RIO GRANDE DO SUL, EM 2014.

BIBLIOGRAFIA

ATTENBOROUGH, David. *A vida na Terra*. 2. ed. São Paulo: Martins Fontes, 1990.

BIZZO, Nélio. *Ciências*: fácil ou difícil? São Paulo: Biruta, 2010.

BURNIE, David. *Dicionário temático de Biologia*. São Paulo: Scipione, 1997.

BRASIL. Ministério da Educação. *Base Nacional Comum Curricular*. Versão final. Brasília: MEC, 2018. Disponível em: <http://basenacionalcomum.mec.gov.br/>. Acesso em: 29 ago. 2019.

CAMPBELL, Neil A.; REECE, Jane B. *Biology*. 8. ed. San Francisco: Pearson Benjamin Cummings, 2008.

COLL, César; TEBEROSKY, Ana. *Aprendendo Ciências*: conteúdos essenciais para o ensino fundamental. São Paulo: Ática, 2001.

COULTATE, T. P. *Alimentos*: a química de seus componentes. 3. ed. Porto Alegre: Artmed, 2004.

DANGELO, José G.; FATTINI, Carlo Américo. *Anatomia humana básica*. São Paulo: Atheneu, 2006.

HERLIHY, Barbara; MAEBIUS, Nancy K. *Anatomia e fisiologia do corpo humano saudável e enfermo*. Barueri: Manole, 2002.

KINDEL, Eunice Aita et al. (Org.). *O estudo dos vertebrados na escola fundamental*. São Leopoldo: Unisinos, 1997.

LEPSCH, Igo F. *Formação e conservação dos solos*. 2. ed. São Paulo: Oficina de Textos, 2010.

MICHEL, Françoise; LARVOR, Yves. *O livro da água*. São Paulo: Melhoramentos, 1997.

MILLER JR., G. Tyler. *Ciência ambiental*. São Paulo: Cengage Learning, 2006.

PURVES, William K. *Vida*: a ciência da Biologia. 6. ed. Porto Alegre: Artmed, 2002.

RAVEN, Peter H. *Biologia vegetal*. 6. ed. Rio de Janeiro: Guanabara Koogan, 2001.

SCHMIDT-NIELSEN, Knut. *Fisiologia animal*: adaptação e meio ambiente. 5. ed. São Paulo: Editora Santos, 2002.

STORER, Tracy I. et al. *Zoologia geral*. 6. ed. São Paulo: Companhia Editora Nacional, 2000.

TAIZ, Lincoln; ZEIGER, Eduardo. *Fisiologia vegetal*. 3. ed. Porto Alegre: Artmed, 2004.

TORTORA, Gerard J. *Corpo humano*: fundamentos de anatomia e fisiologia. 4. ed. Porto Alegre: Artmed, 2000.

REFERENTE À SEÇÃO **DIVIRTA-SE E APRENDA** PÁGINA **100**

DOMINÓ DOS MATERIAIS

PETRÓLEO	AREIA	ÁRVORE	ARGILA
CANECA PLÁSTICA	JARRA DE VIDRO	FOLHAS DE PAPEL	POTE DE CERÂMICA
BOI	LÁTEX	ROCHA	LÁTEX
CINTO DE COURO	LUVA DE BORRACHA	PANELA DE FERRO	PETRÓLEO

CENTO E TREZE 113

PETRÓLEO	FOLHAS DE PAPEL	ARGILA	ROCHA
CINTO DE COURO	CINTO DE COURO	CANECA PLÁSTICA	LUVA DE BORRACHA
AREIA	ÁRVORE	ROCHA	LÁTEX
PANELA DE FERRO	LUVA DE BORRACHA	BOI	BOI

ARGILA	AREIA	JARRA DE VIDRO	BOI
LUVA DE BORRACHA	PETRÓLEO	BOI	CANECA PLÁSTICA
ARGILA	JARRA DE VIDRO	ÁRVORE	JARRA DE VIDRO
PANELA DE FERRO	FOLHAS DE PAPEL	POTE DE CERÂMICA	POTE DE CERÂMICA

ROCHA	POTE DE CERÂMICA	FOLHAS DE PAPEL	AREIA
CANECA PLÁSTICA	CINTO DE COURO	PANELA DE FERRO	LUVA DE BORRACHA

REFERENTE À ATIVIDADE 1 PÁGINA 15

REFERENTE À QUESTÃO 2 PÁGINA 61

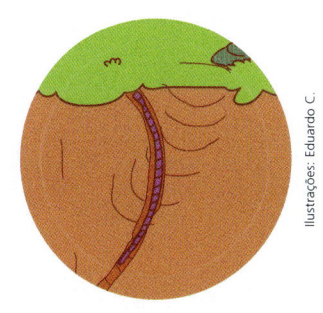

CENTO E VINTE E UM 121

REFERENTE À QUESTÃO 1 PÁGINA 92

REFERENTE À ATIVIDADE 1 PÁGINA 106

CENTO E VINTE E TRÊS